WAS EINE „SCHLAUE" IDEE ALLES BEWIRKEN KANN!

„Das Pferd frisst keinen Gurkensalat", das soll der erste Satz gewesen sein, der über das Telefon übermittelt wurde. Johann Philipp Reis, Lehrer aus Hessen, hat den ersten „Ferntonapparat" – das heutige Telefon – gebaut. Allerdings hat er kein Patent auf seine Erfindung angemeldet, und daher kennen die meisten Menschen Alexander Graham Bell als Erfinder des Telefons. Es gibt so unglaublich viele Erfindungen – eine Menge von ihnen sind sehr hilfreich in unserem Alltag, bei manchen kann man aber auch mit dem Kopf schütteln und sich fragen: Wer hat das denn erfunden?

Auch aus der Rhein-Neckar-Region, wo die Klaus Tschira Stiftung beheimatet ist, kommen viele bekannte Tüftler. Beispielsweise Karl Drais, der 1817 in Mannheim das Fahrrad erfunden hat, oder Bertha Benz, die 1888 die erste Fernfahrt mit einem Auto unternahm. Vor allem die Fahrt von Bertha Benz zeigt deutlich, wie kreativ Erfinder sind und sein müssen. Auf der Strecke von Mannheim nach Pforzheim musste sie mit ein paar Problemen kämpfen, die sie aber dank „schlauer" Ideen alle lösen konnte. Die verstopfte Benzinleitung beispielsweise machte sie mithilfe ihrer Hutnadel wieder frei, oder als die Zündung kaputt ging, nutzte sie ihr Strumpfband, um sie zu reparieren. Diese beiden Ideen klingen ganz einfach, und dennoch hat Bertha Benz mit ihren beiden zündenden Einfällen die Entwicklung des Autos vorangebracht.

Auch unser Stifter, Klaus Tschira, hatte mit vier Freunden eine geniale Idee: Sie wollten eine Software entwickeln, die jedes Unternehmen und jede Branche verwenden kann und die ihnen die Arbeit erleichtert. Tag und Nacht haben sie an dieser Idee gearbeitet, und am Ende ist das weltweit bekannte Softwareunternehmen SAP entstanden. Heute zählt die SAP zu den erfolgreichsten Unternehmen der Welt. Klaus Tschira ist auch der Vater der Programmiersprache ABAP – er hat also eine eigene Computersprache erfunden.

All diese Erfindungen zeigen: Wer eine „schlaue" Idee hat, sollte sie verfolgen und auch bei Schwierigkeiten nicht aufgeben, denn man weiß nie, was am Ende dabei rauskommt. Selbst etwas auszuprobieren, dazu will auch die Klaus Tschira Stiftung ermuntern. Die KTS fördert Naturwissenschaften, Mathematik und Informatik. „Schlau tüfteln" ist bereits das vierte Buch der erfolgreichen „Schlau-Reihe", das in der Edition Klaus Tschira Stiftung erschienen ist. Mit unseren Büchern können Kinder und Familien zu Hause experimentieren und Dingen auf den Grund gehen.

Traut euch, etwas Neues zu entdecken, und viel Spaß beim Tüfteln!

Beate Spiegel

Geschäftsführerin Klaus Tschira Stiftung

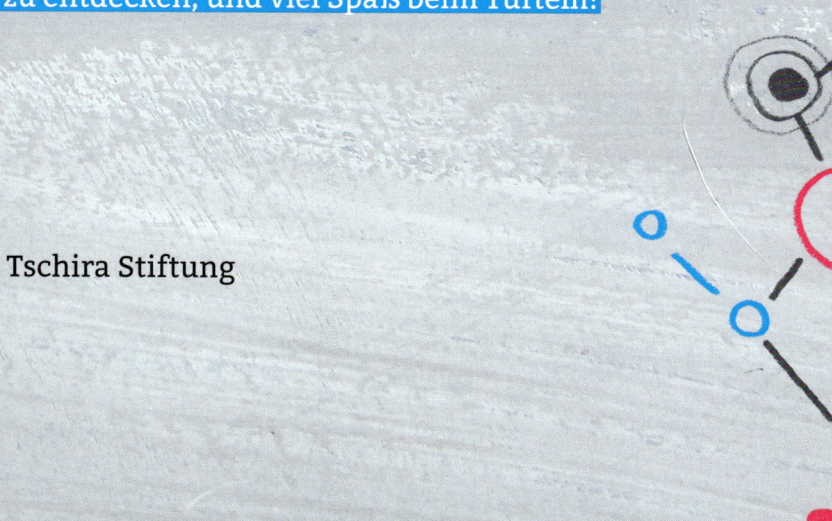

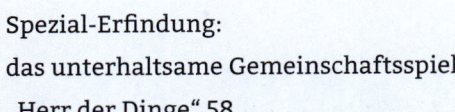

INHALT

INHALT

INHALT

Don't forget

INHALT

EINLEITUNG

Ein Pulli, der die Farbe wechselt – abhängig von deiner Stimmung? Das muss dringend noch erfunden werden! Oder gibt es diese Erfindung vielleicht schon?

➡ Bereits vor über 100 Jahren

glaubte *Charles Holland Duell* (sprich: Tscharls Holland Djuäl), der Leiter des Patentamtes der Vereinigten Staaten von Amerika, dass alles, was erfunden werden kann, bereits erfunden wurde. Da hat er sich wohl geirrt, zum Glück. Denn hätte er recht behalten, gäbe es heute weder Handys noch Computer noch Klettverschlüsse – und auch kein Trampolin und kein Eis am Stiel. Das lustige Sprunggerät und die süße Erfrischung wurden übrigens von Kindern erfunden. Ja, auch Kinder-Erfinder können ein Patent einreichen, also auch DU!

Mit einem Patent wird deine Erfindung geschützt, und niemand darf deine Idee klauen. Nur wer das Patent für eine Erfindung besitzt, darf diese Erfindung auch herstellen oder verkaufen. Es sei denn, du erlaubst es jemand anderem. Das nennt man dann Lizenz, und dafür kannst du Geld verlangen. Jeder kann beim Patentamt einen Patentantrag stellen. Wenn du also einen Geistesblitz hast und etwas richtig Geniales erfindest, dann wende dich an das Patentamt! Dort arbeiten Fachleute, die herausfinden, ob weltweit schon jemand vor dir die gleiche Idee hatte. Bist du der oder die Erste mit einer „erfinderischen" Idee, bekommst du ein Patent!

Übrigens: In diesem Buch findest du viele Erfinder – und wenige Erfinderinnen. Woran das liegt? Früher haben viel mehr Männer als Frauen Neues erfunden, weil Frauen nicht dieselben Möglichkeiten hatten. Heute ist das anders! Wenn du also etwas erfinden möchtest, versuch es einfach. Egal, ob du ein Mädchen oder ein Junge bist!

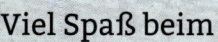 Viel Spaß beim

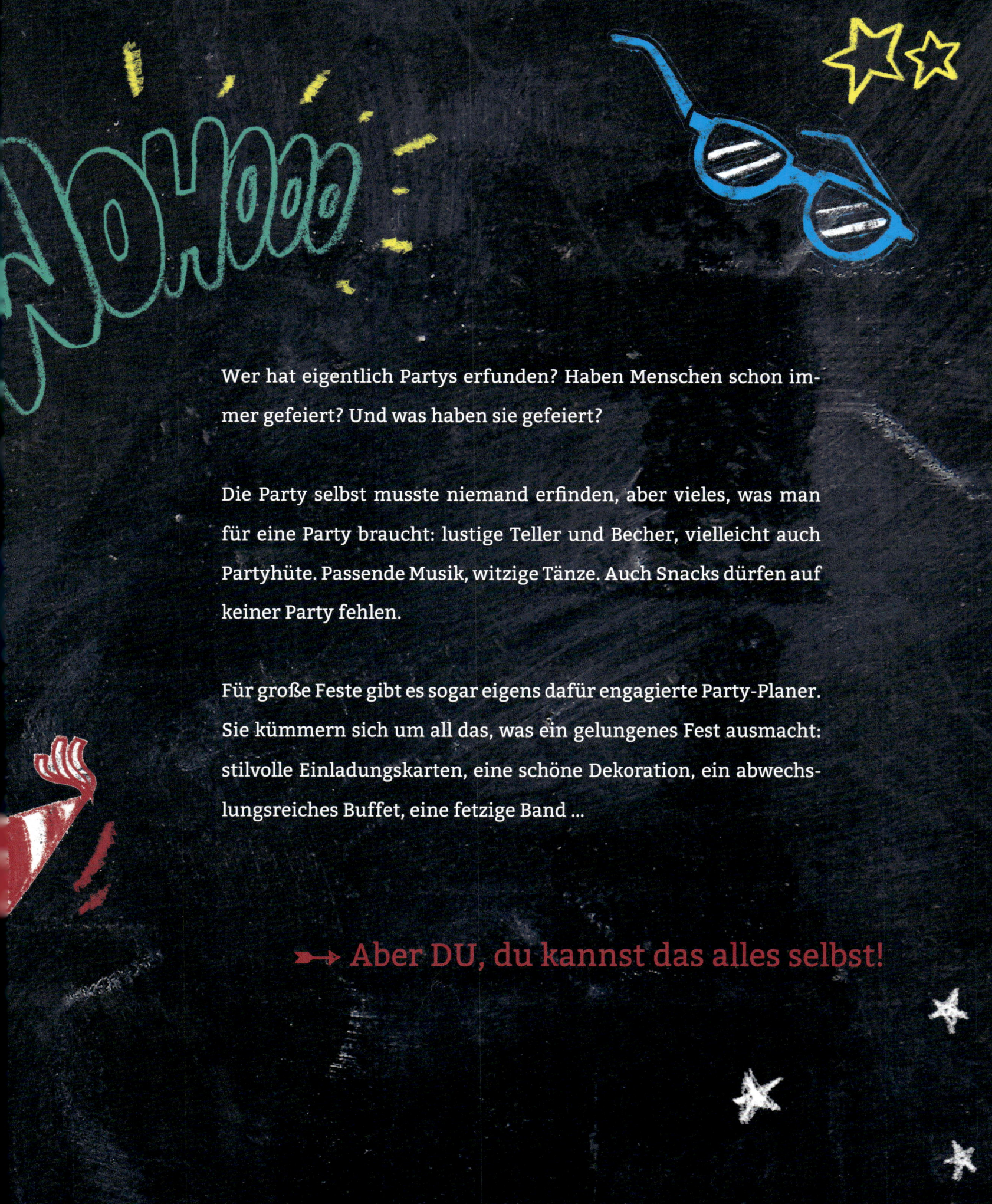

Wer hat eigentlich Partys erfunden? Haben Menschen schon immer gefeiert? Und was haben sie gefeiert?

Die Party selbst musste niemand erfinden, aber vieles, was man für eine Party braucht: lustige Teller und Becher, vielleicht auch Partyhüte. Passende Musik, witzige Tänze. Auch Snacks dürfen auf keiner Party fehlen.

Für große Feste gibt es sogar eigens dafür engagierte Party-Planer. Sie kümmern sich um all das, was ein gelungenes Fest ausmacht: stilvolle Einladungskarten, eine schöne Dekoration, ein abwechslungsreiches Buffet, eine fetzige Band ...

➼ Aber DU, du kannst das alles selbst!

WAS KNABBERN
MEINE FREUNDE GERN?

_____

_____

_____

WERDE SELBST ZUM ERFINDER!
HIER IST PLATZ FÜR DEINE IDEEN.

DIESER TANZ DARF NICHT FEHLEN!

– BREAKDANCE ...

–

–

–

–

UND WELCHE MUSIK?

–

–

–

–

UND WER MACHT
ALLES WIEDER SAUBER?

PARTY

14

WIE GESTALTE ICH DIE EINLADUNGEN?

WIE SCHMÜCKE ICH DAS ZIMMER?
(ACHTUNG: DARF NICHT VIEL KOSTEN!)

Wer hat denn all die anderen Dinge erfunden, die man für eine Party braucht?

LITFASSSÄULE

INFO

ERFINDER:
Ernst Litfaß

BERUF:
Druckereibesitzer

GEBOREN:
11.02.1816
Berlin, Deutschland

GESTORBEN:
27.12.1874
Wiesbaden, Deutschland

Vor über 160 Jahren …

Ernst Litfaß lebt in Berlin, er besitzt eine Druckerei und gibt Zeitungen heraus. Herr Litfaß liebt die Ordnung, Unordnung mag er nicht. Es stört ihn sehr, dass überall in der Stadt Plakate hängen, die Theateraufführungen, Konzerte oder den Zirkus ankündigen. Diese Plakate kleben wahllos an Häusern, Geschäften oder Bäumen. Da hat Ernst Litfaß eine Idee!

Vom Hörensagen weiß er, dass es in London Säulen gibt, auf denen Veranstaltungen angekündigt werden können. Sie sind achteckig und nach ihrem Erfinder *George Samuel Harris* (sprich: Dschordsch Sämjuäl Härris) benannt, sie heißen Harris-Säulen. Litfaß holt sich vom Polizeipräsidenten die Genehmigung ein, auch in Berlin ähnliche Säulen aufzustellen. Um des Zettel-Wildwuchses Herr zu werden, bezahlt er 400 Leute, die zunächst die ganze Stadt von den Plakaten befreien. Diese dürfen von nun an nur noch auf die Säulen geklebt werden, die nach ihm, Herrn Litfaß, benannt werden. Für den Festakt zur Einweihung der Säulen lässt er extra eine Polka komponieren, die alle Leierkastenmänner Berlins spielen.

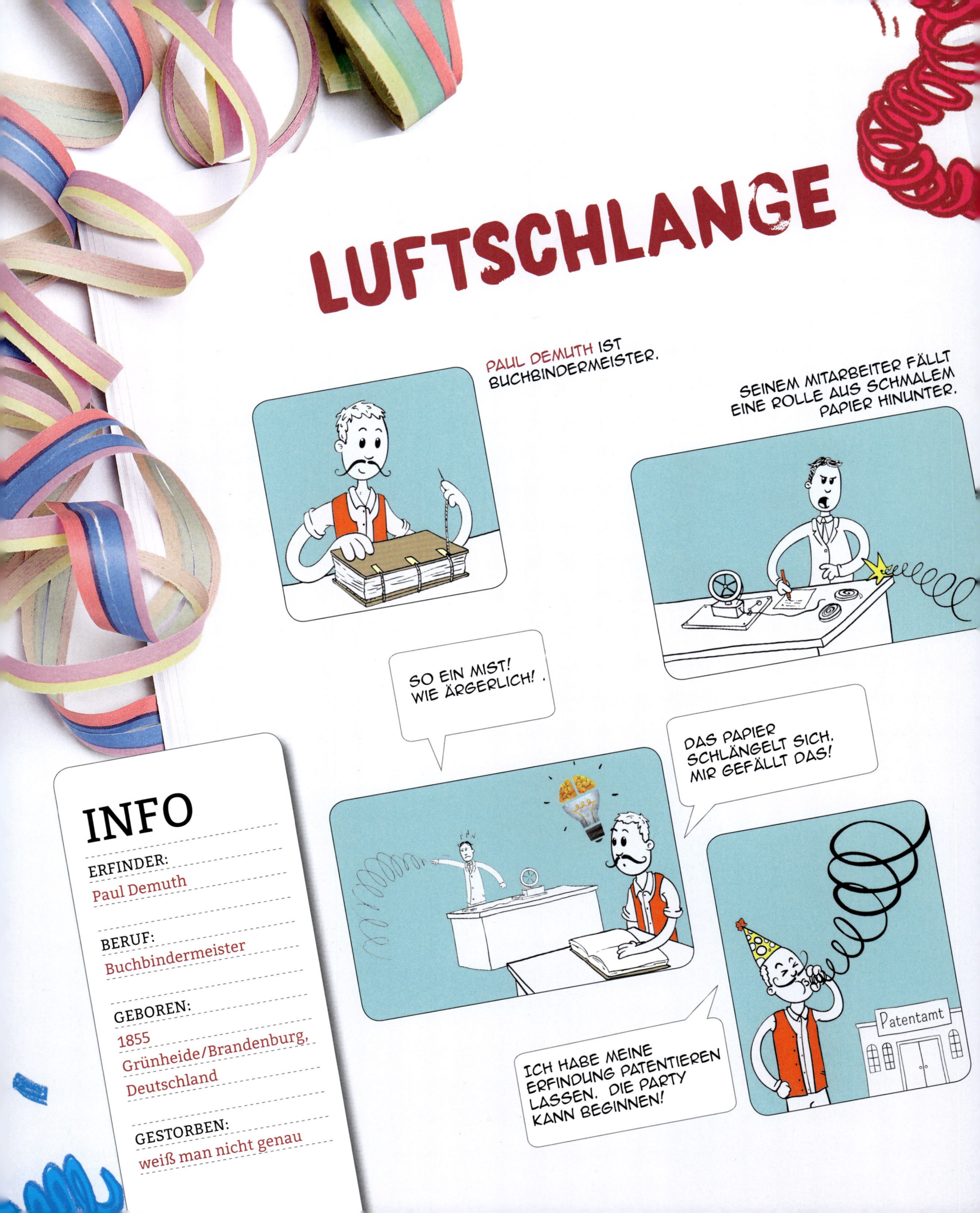

LUFTSCHLANGE

INFO

ERFINDER:
Paul Demuth

BERUF:
Buchbindermeister

GEBOREN:
1855
Grünheide/Brandenburg,
Deutschland

GESTORBEN:
weiß man nicht genau

LUFTBALLON

INFO

ERFINDER:
Michael Faraday

BERUF:
Experimentalphysiker
und Naturforscher

GEBOREN:
22.09.1791
Newington, Surrey,
England

GESTORBEN:
25.08.1867
Hampton Court Green,
Middlesex, England

KONFETTI

Derselbe Mann, der die Luftschlange erfand, hat angeblich auch das Konfetti erfunden. Man weiß es nicht sicher, weil er diese Erfindung nicht patentieren ließ. Man glaubt aber, dass die Erfindung so vor sich ging ...

Vor 130 Jahren ...

Beim Karneval in Venedig bewerfen sich die Reichen mit Konfekt, das sind kleine Pralinen. Damit sich nicht nur die wohlhabenden Menschen diesen Spaß leisten können, hat jemand die Idee, Konfekt aus Gips herzustellen. Die Pralinen sehen täuschend echt aus, sind aber viel billiger. Der Nachteil: Es tut weh, wenn man davon getroffen wird. Da hat *Paul Demuth* den Einfall, kleine Papierschnipsel in die Luft zu werfen. Das macht Spaß – und tut überhaupt nicht weh! Obwohl die bunten Papierschnipsel und die süßen Pralinen nichts gemeinsam haben, erinnert der Name Konfetti daran, wie sie erfunden wurden.

CHIPS

INFO

ERFINDER:
George Crum

BERUF:
Koch

GEBOREN:
1822
Saratoga Lake,
New York, USA

GESTORBEN:
1914
Saratoga Lake,
New York, USA

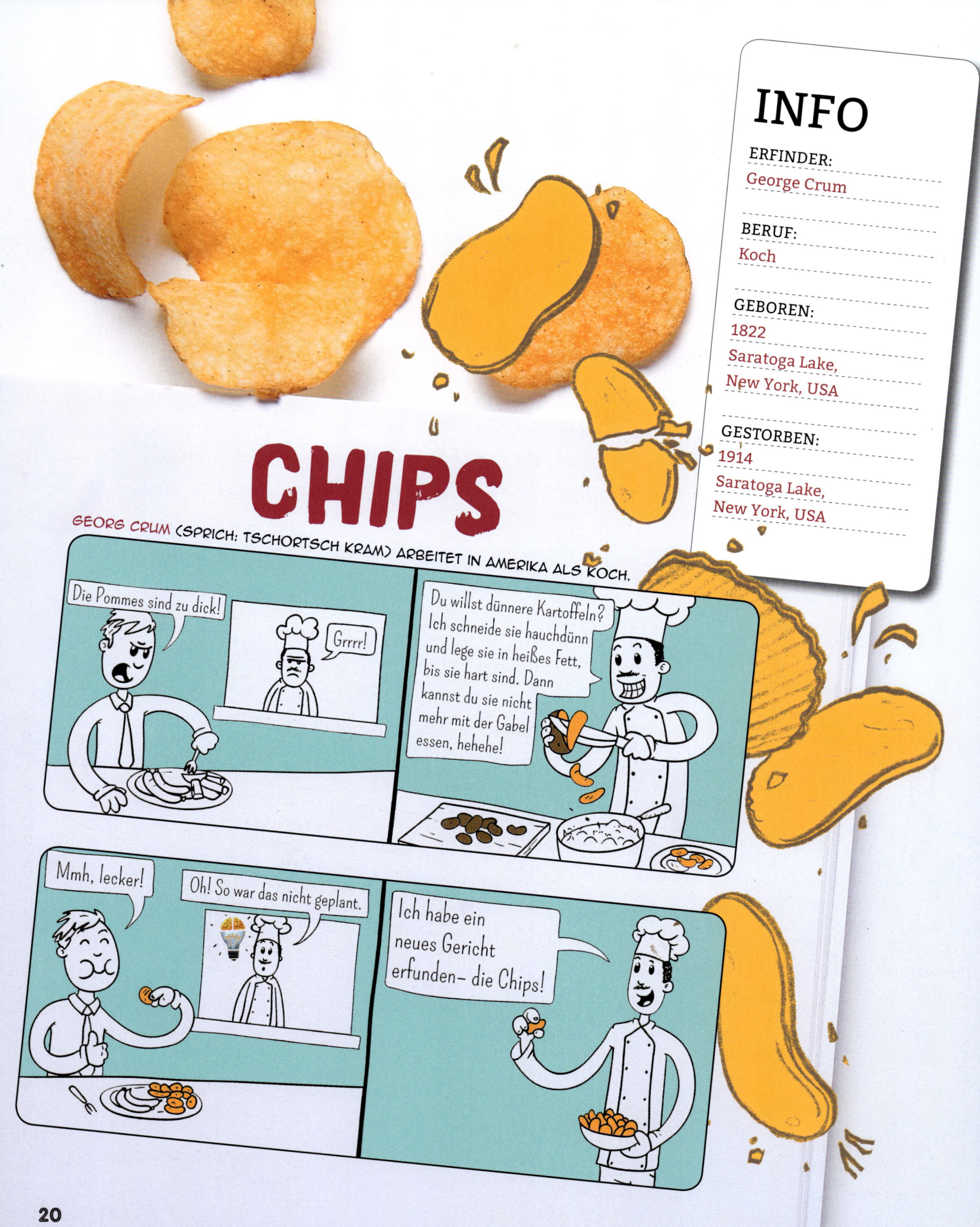

GEORG CRUM (SPRICH: TSCHORTSCH KRAM) ARBEITET IN AMERIKA ALS KOCH.

Die Pommes sind zu dick!

Grrrr!

Du willst dünnere Kartoffeln? Ich schneide sie hauchdünn und lege sie in heißes Fett, bis sie hart sind. Dann kannst du sie nicht mehr mit der Gabel essen, hehehe!

Mmh, lecker!

Oh! So war das nicht geplant.

Ich habe ein neues Gericht erfunden– die Chips!

EIS AM STIEL

Das Eis am Stiel ist eine Erfindung, die lange auf sich warten ließ. Dabei fing der Erfinder schon früh damit an!

Vor 110 Jahren in den Vereinigten Staaten von Amerika …

Es ist Winter, draußen fallen dicke Schneeflocken herab, drinnen ist es mollig warm. Weil der elfjährige *Frank Epperson* (sprich: Fränk Eppersen) große Lust auf etwas Kühles hat, bereitet er sich eine Limonade zu. Er rührt sie mit einem Holzstäbchen um und stellt sie zum Abkühlen auf das Brett vor dem Fenster. Dann geht er spielen – und prompt vergisst er seinen Durst! Am nächsten Tag fällt ihm die Limonade wieder ein, und er holt sie rasch herein. Doch was ist passiert? Die Limonade ist gefroren! Klar, denn in der Nacht hatte es draußen Minusgrade. Schade, nun kann Frank die Limonade nicht mehr trinken. Aber, sieh an, er kann sie wie einen Lutscher lutschen!

Einige Jahre später, als Frank Epperson erwachsen ist, fällt ihm die Geschichte wieder ein. Wie damals bereitet er Limonade zu, den Becher mit dem Holzstäbchen darin stellt er aber nicht vor das Fenster, sondern in den Gefrierschrank, denn dieses praktische Haushaltsgerät wurde inzwischen erfunden. Alle sind begeistert und er meldet seine Erfindung 1923 zum Patent an.

Wusstest du, dass das **Eis am Stiel** von einem Kind erfunden wurde?

INFO

ERFINDER:
Frank Epperson

BERUF:
Limonandenhersteller

GEBOREN:
1894
San Francisco, USA

GESTORBEN:
1983

INFO

ERFINDER:
Mildred J. Hill

BERUF:
Kindergärtnerin

GEBOREN:
27.06.1859
Louisville, Kentucky, USA

GESTORBEN:
05.06.1916
Chicago, USA

INFO

ERFINDER:
Patty Smith Hill

BERUF:
Kindergärtnerin

GEBOREN:
27.03.1868
Louisville, Kentucky, USA

GESTORBEN:
25.05.1946
New York, USA

MUSIK

Happy Birthday –

ein Lied, das fast jeder kennt und das viele Menschen immer wieder gerne singen. Aber wer hat das Lied erfunden? Darüber wird seit mehreren Jahren gestritten.

Vor 125 Jahren in den Vereinigten Staaten von Amerika …
Die Schwestern *Mildred J. und Patty Smith Hill* (sprich: Mildred Dschey und Pätti Smiff Hill) arbeiten als Kindergärtnerinnen und komponieren ein Begrüßungslied für ihre kleinen Schützlinge. Es heißt übersetzt „Allen einen guten Morgen". 30 Jahre später verändert eine der Schwestern den Text und macht daraus ein Geburtstagslied mit dem Titel „Happy Birthday". Und dann beginnt der Streit. Text und Melodie des Liedes werden registriert – nicht von den beiden Schwestern, sondern von einer Firma. Diese verkauft die Rechte an dem Lied für umgerechnet etwa 25 Millionen Euro an eine andere Firma. Wenn ein Lied öffentlich gespielt wird, muss an die Menschen, die es komponiert oder die Rechte daran erworben haben, Geld bezahlt werden. Das gilt auch für „Happy Birthday". Daher verdient die Firma an dem Lied täglich umgerechnet ungefähr 5500 Euro. Viel, viel Geld!

Inzwischen soll allerdings bewiesen sein, dass die Registrierung nicht korrekt war und die Schwestern das Lied allen Menschen zur Verfügung stellen wollten. Die erste Firma hat sich also unerlaubt als Erfinder des Liedes ausgegeben. Das kann teuer werden!

Schuhplattler

Ballett-Tanz

DANCE

Breakdance

Limbo

TANZ

Getanzt wird auf der ganzen Welt, und das schon seit langer Zeit! Tanz kann Ausdruck von gemeinsamer Freude sein und spielt bei Feierlichkeiten und Ritualen eine wichtige Rolle. **Tänze gibt es wie Sand am Meer.**

Schon vor vielen hundert Jahren wurde der Ballett-Tanz erfunden. Meist tanzt man den eleganten Tanz zu klassischer Musik. Der berühmte Spitzentanz ist Kindern erst ab einem bestimmten Alter erlaubt.

Mit den Ellenbogen im Rhythmus gegen den Oberkörper schlagen, die Knie fest zusammendrücken und mit dem Popo nach rechts und links wackeln, in die Hände klatschen und sich dann zu zweit im Kreis drehen – so tanzt man den Ententanz.

In der Karibik wurde der Limbo erfunden. Man tanzt unter einer waagerechten Stange hindurch und darf nicht daran anstoßen. Die Schultern und die Knie dürfen den Boden nicht berühren. Nach jeder Runde wird die Stange ein Stück tiefer gehalten – so wird der Tanz noch schwieriger. Übrigens: Ursprünglich wurde dieser Tanz nach Begräbnissen getanzt.

Der Schuhplattler entwickelte sich aus einem Volkstanz und wird vor allem in Süddeutschland, Österreich und Südtirol getanzt. Männer und Frauen, die „schuhplatteln", springen und hüpfen zum Rhythmus der Musik und schlagen sich dabei selbst auf die Oberschenkel, die Fußsohlen oder die Knie – oder auf andere Körperteile.

In Griechenland tanzt man gern den Sirtaki. Man stellt sich in einer Reihe auf und legt die Arme um die Schultern derer, die neben einem stehen. Und dann beginnt eine Schrittfolge, die alle gleichzeitig ausführen müssen, in immer rasanter werdendem Tempo. Achtung! Kann blaue Flecken verursachen!

Der Breakdance wurde vor ungefähr 40 Jahren in den Vereinigten Staaten von Amerika erfunden, genauer gesagt in New York. Getanzt wurde Breakdance ursprünglich direkt auf der Straße. Bei diesem Tanz berühren nicht nur die Füße den Boden, sondern auch die Hände, die Schultern, der Rücken und sogar der Kopf.

STAUBSAUGER

Vor ungefähr 115 Jahren

Hubert Cecil Booth (sprich: Hjubert Sessil Buus) hasst es, wenn daheim geputzt wird. Alle Möbel müssen weggeschoben werden, damit der Teppich ins Freie geschleppt und über einer Stange geklopft werden kann.

Das nervt mich! Es muss es doch eine andere Lösung geben!

Auf einer Messe stellt ein Erfinder eine Reinigung für Eisenbahnsitze vor.

Mit einem Blasebalg wird der Schmutz von den Sitzen gepustet.

Aber der Blasebalg wirbelt viel zu viel Staub auf.

Saugen statt pusten, das müsste funktionieren!

Daheim probiert er seine Idee aus. Er nimmt ein Taschentuch, legt es auf einen Sessel und saugt daran. Er muss husten! Alles voll Staub. Aber: Auf der Unterseite des Taschentuchs hat sich Schmutz angesammelt.

Saugen funktioniert!

Juhuuu! Ich habe eine Maschine gebaut, die Staub saugt, einen Staubsauger! Ein Motor erzeugt Unterdruck, dadurch wird der Schmutz eingesaugt! Aber meine Erfindung ist so groß, dass sie nicht durch die Tür passt...

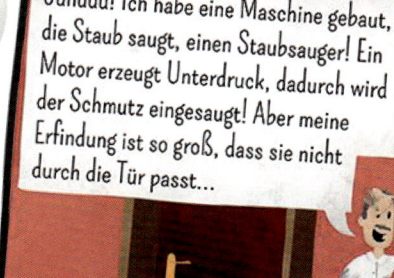

The VACUUMCLEANER

Ich habe den Staubsauger auf einen Pferdewagen montiert! Wir parken vor dem Haus auf der Straße, mit langen Schläuchen können wir in Wohnungen staubsaugen!

Wir feiern eine Staubsaugerparty!

Dieser komische Staubsauger macht viel Lärm und ist viel zu teuer!

Das stimmt! Und mein Teppich wird auch so sauber.

H. CECIL BOOTH'S VACUUM

Erst später konnten sich mehr Menschen einen Staubsauger leisten...

INFO

ERFINDER:
Hubert Cecil Booth

BERUF:
Ingenieur

GEBOREN:
04.07.1871
Gloucestershire,
England

GESTORBEN:
12.01.1955
Purley Surrey,
England

LET'S PARTY

YEAH!

Das macht deine Party zu einem unvergesslichen Ereignis! Versuche selbst, eine Konfetti-Kanone zu bauen. Wenn du Hilfe brauchst, schau auf Seite 226 nach. Dort zeigen wir dir, wie's geht!

ROBOT

SCHAUM-
SCHLÄGER

„Guten Morgen, es ist der 1. Juni 2050, 7 Uhr. Darf ich dir eine Tasse heißen Tee reichen, oder möchtest du lieber warmen Kakao?" So, oder so ähnlich, könntest du in einigen Jahren von deinem persönlichen Roboter geweckt werden. Während du noch deine Zähne putzt, hat er schon deinen Pausensnack in deiner Tasche verstaut. Die perfekte Haushaltshilfe saugt den Boden, macht die Wäsche, putzt das Badezimmer, spült das Geschirr und mäht den Rasen. Klingt das für dich unmöglich? Oder gibt es so etwas vielleicht schon?

So unwahrscheinlich ist das nicht: Wurde die Wäsche vor 100 Jahren noch von Hand und mit einer Waschrumpel gewaschen, reicht es heute, sie in die Waschmaschine zu stecken. Zu Urgroßvaters Zeiten wurde das Gras mit einer Sense geschnitten, heute schiebt man den Rasenmäher über die Wiese, oder ein Rasenmäh-Roboter erledigt die Arbeit ganz von alleine. Früher entfernte man den Staub mit Besen und Lappen, heute helfen uns Staubsauger oder sogar Staubsaug-Roboter dabei. Warum sollte es also nicht auch einen Frühstücks-Roboter geben können ...? Solange unsere elektrischen Haushaltshilfen funktionieren, ist alles in Ordnung –

➜ aber was passiert, wenn sie kaputt sind?

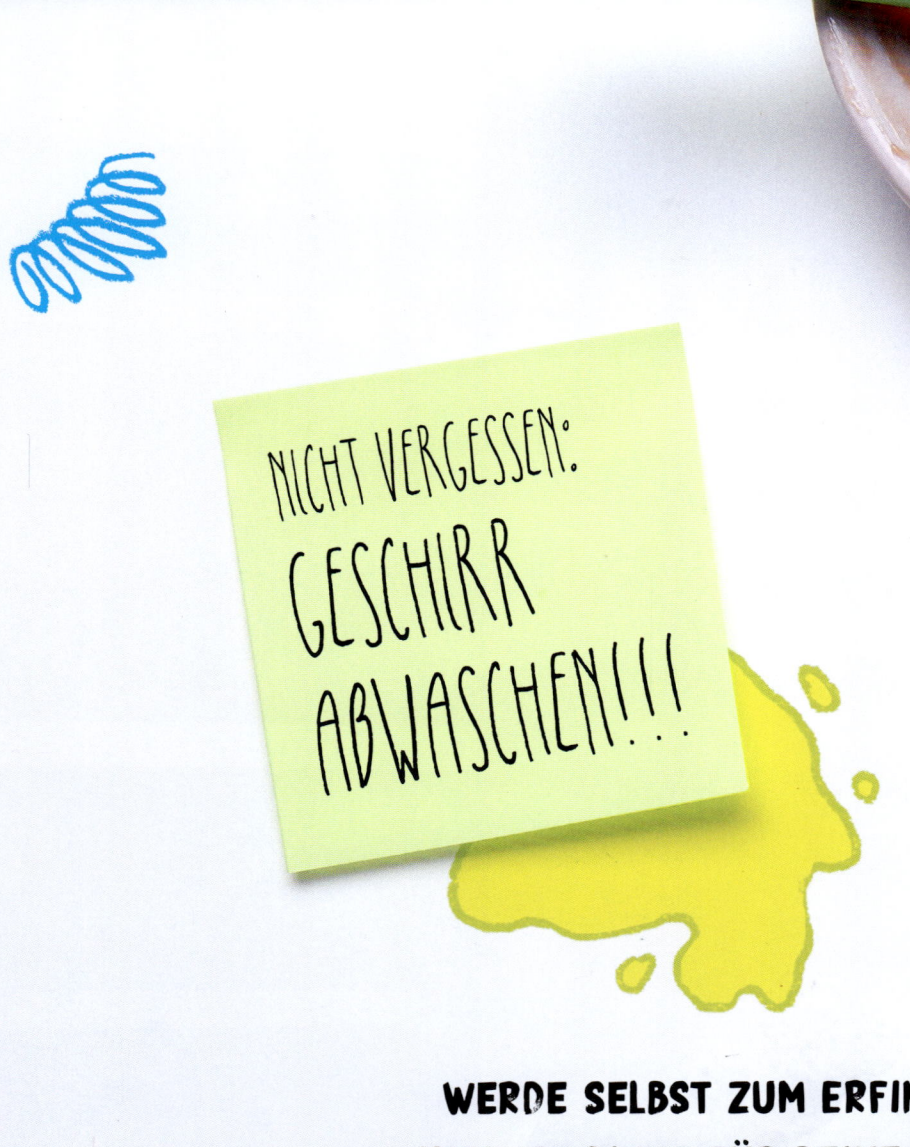

NICHT VERGESSEN:
GESCHIRR ABWASCHEN!!!

WERDE SELBST ZUM ERFINDER!
HIER IST PLATZ FÜR DEINE IDEEN.

EIN ABWASCH-BESCHLEUNIGER
WÄRE NICHT SCHLECHT!

HAT DEN SCHON JEMAND ERFUNDEN?

WIE KÖNNTE SO EIN SCHAUMSCHLÄGER
AUSSEHEN?

Wer hat denn all die anderen Dinge erfunden, die es in einer Küche so gibt?

KAFFEEFILTER

MELITTA BENTZ TRINKT GERN KAFFEE!

BÄH, DIE RESTE VOM KAFFEESATZ IN DER TASSE SCHMECKEN GAR NICHT GUT!

DAS ÄRGERT SIE! DAS WILL SIE ÄNDERN! SIE HÄMMERT LÖCHER IN DEN BODEN EINES TOPFS UND LEGT EIN LÖSCHPAPIER AUS DEM SCHULHEFT IHRES SOHNES HINEIN. JETZT KANN DER KAFFEESATZ NICHT MEHR IN DIE TASSE GELANGEN.

MMH, JETZT SCHMECKT DER KAFFEE NOCH VIEL BESSER!

SIE HAT DEN ERSTEN KAFFEEFILTER ERFUNDEN!

INFO

ERFINDER:
Melitta Bentz

BERUF:
Hausfrau

GEBOREN:
31.01.1873
Dresden, Deutschland

GESTORBEN:
29.06.1950
Holzhausen, Deutschland

˚H2O
MIKROWELLE

Vor ungefähr 70 Jahren ...

Der amerikanische Ingenieur *Percy Spencer* (sprich: Pörsi Spensa) tüftelt an einem Radargerät. Dafür verwendet er ein sogenanntes Magnetron, eine Magnetfeldröhre, die elektromagnetische Wellen (man nennt sie auch Mikrowellen) erzeugt und aussendet. Plötzlich merkt er, dass es in seiner Hosentasche warm wird. Er greift hinein und hat einen klebrigen Schokoriegel in der Hand, der ihm offenbar in der Hosentasche geschmolzen ist. Da hat Percy Spencer einen Geistesblitz! „Wenn ich mit diesen Strahlen die Schokolade in meiner Hosentasche erwärmen kann, funktioniert das bestimmt auch mit anderen Lebensmitteln!", denkt er sich und baut die erste Mikrowelle. Sie ist größer als ein Erwachsener und mehrere hundert Kilogramm schwer.

In Mikrowellenherden wird Essen schneller erwärmt als im Backofen, und es wird weniger Strom verbraucht. Aber wie funktioniert das? In allen Speisen ist Wasser enthalten, die unzähligen Wassermoleküle werden von den Mikrowellen zum Schwingen gebracht und stoßen aneinander. So entsteht Reibung, und daraus entsteht Hitze – das Essen wird erwärmt. ==Und was, glaubst du, bereitete Percy Spencer bei seinen ersten Tests mit der Mikrowelle zu?==

Bling

Das Popcorn ist fertig!

INFO

ERFINDER:
Percy Spencer

BERUF:
Ingenieur

GEBOREN:
09.07.1894
Howland, Maine, USA

GESTORBEN:
08.09.1970
Newton,
Massachusetts, USA

INFO

ERFINDER:
Thomas Sullivan

BERUF:
Händler

GEBOREN:
19.07.1883
USA

GESTORBEN:
weiß man nicht genau

TEEBEUTEL

Thomas Sullivan (sprich: Salliwen) handelt mit Tee und verschickt ihn.

Ich versende den Tee besser in kleinen Beuteln als in schweren Blechdosen – das kostet weniger!

Ich dachte, ihr leert den Tee aus dem Beutel in das heiße Wasser.

Nein, ich hänge den Beutel mit dem Tee ins Wasser!

Das ist praktisch!

Ich habe eine Erfindung gemacht! Aber bin wirklich ICH der Erfinder?

KOCHTOPF

INFO

ERFINDER:
Jäger und Sammler

ERFUNDEN:
vor 16 000 Jahren
in China und Sibirien

Wann genau der Kochtopf erfunden wurde, ist nicht bekannt. Aber in China und Sibirien verwendeten Jäger und Sammler schon vor 16 000 Jahren Keramiktöpfe.

Diese Töpfe eigneten sich gut für die Lagerung von Getreide, aber auch zum Erhitzen von Nahrung. Töpfe aus Ton und Keramik waren die ersten, später kamen Töpfe aus Metall dazu. Die Menschen kochten sehr lange auf offenem Feuer. Die ersten Gasherde gab es in Europa erst ab 1900, zu dieser Zeit wurden auch schon Herde erfunden, die mit Strom funktionierten. Aber erst vor ungefähr 60 Jahren waren die meisten Küchen mit Elektroherden ausgestattet.

Die Beschaffenheit des Topfes ist eng verbunden mit der Art der Kochstelle. Daher wurden früher auf offenem Feuer Töpfe aus Keramik oder Metall verwendet. Heute gibt es Töpfe aus Edelstahl, aus hitzebeständigem Glas oder aus Teflon. Und es gibt sogar Töpfe und Pfannen aus einem magnetischen Material. Auf Induktionsherden wird das Essen in diesem besonderen Kochgeschirr sehr schnell heiß.

INFO

ERFINDER:
Peter Durand

BERUF:
Händler

GEBOREN:
1766, England

GESTORBEN:
1822

ERFINDER:
Robert Yeates

BERUF:
Erfinder und Hersteller
von chirurgischen
Bestecken

GEBOREN:
England

KONSERVE

Napoleon Bonaparte ist Kaiser von Frankreich.

Es gibt eine Belohnung für den, der Essen haltbar macht.

Ein Franzose hatte die Idee, Essen in Gläser zu verpacken – und wurde dafür belohnt. Doch auch der Engländer Peter Durand (sprich: Pieta Durend) hat einen Geistesblitz!

In Konservendosen kann man Essen sehr lange aufbewahren!

Das Essen ist nun toll verpackt, aber zum Öffnen braucht man Hammer und Meißel. Wie unpraktisch! Kann nicht jemand etwas erfinden?

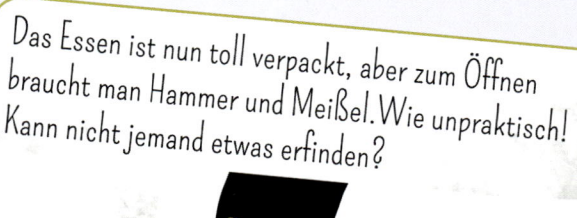

Robert Yeates (sprich: Jeets) hat eine Idee!

Meine Erfindung ist der Dosenöffner. Damit geht es viel leichter.

GESCHIRRSPÜLER

Vor ungefähr 130 Jahren ...

Die Amerikanerin *Josephine Cochrane* (sprich: Tschosefin Kokren) ist verärgert.

Sie und ihr Mann geben gern Partys und holen für diese besonderen Anlässe immer das teure Porzellan aus dem Schrank. So auch gestern Abend – und war das nicht wieder ein rauschendes Fest?! Als Josephine aber am folgenden Vormittag verschlafen in die Küche kommt, stellt sie verbittert fest, dass das Personal beim Abwasch schon wieder ein Stück kostbares Porzellan zerbrochen hat. Verflucht, können die nicht aufpassen?

Frau Cochrane hat es satt. Und weil sie nicht auf den Kopf gefallen ist, erfindet sie die erste Geschirrspülmaschine der Welt. Teller und Tassen legt sie fortan in Drahtkörbe. Mithilfe eines Motors gelingt es ihr, das schmutzige Geschirr mit heißem Seifenwasser zu bespritzen. Im Nu ist es sauber – und geht nicht kaputt. Ihr Personal braucht Frau Cochrane nun nicht mehr. Ein wenig tüftelt sie noch an ihrer Erfindung, dann lässt sie sie patentieren.

INFO

ERFINDER:
Josephine Cochrane

BERUF:
Erfinderin und Firmengründerin

GEBOREN:
1839
Valparaiso, Indiana, USA

GESTORBEN:
03.08.1913
Shelbyville, Illinois, USA

So wird der Abwasch für dich zum Kinderspiel –
und ein Schaumfest obendrein! Versuche selbst,
diese perfekte Küchenhilfe zu bauen.
Wenn du Hilfe brauchst, schau auf Seite 228 nach.
Dort zeigen wir dir, wie's geht!

Schnarch

LAAANG-
WEILIG!

PFFFF...

GÄÄÄHN.

Nach der Schule geht es auf zum Spielen! Du kannst im Verein Fußball spielen, du kannst dich mit Freunden treffen und im Freien spielen, du kannst aber auch in deinem Zimmer am Computer oder am Handy spielen – das natürlich auch mit anderen gemeinsam.

Du kennst sicher viele Spiele, die du bei schönem Wetter unter freiem Himmel machen kannst: Prellball, Gummitwist, Piratenspiel, Versteckspiel, Tempelhüpfen, Fangen …

➤ **Aber leider spielt das Wetter nicht immer mit!**

ERFINDET DOCH EINFACH SELBST
EIN SPIEL MIT DEN DINGEN, DIE IHR
IM GEPÄCK HABT.

HIER IST PLATZ FÜR IDEEN.

WAS HABEN WIR
ALLES DABEI?

Wer hat denn all die anderen Spiele und Spielsachen erfunden?

INFO

ERFINDER:
Josef Friedrich Schmidt

BERUF:
Spieleerfinder und Unternehmer

GEBOREN:
24.11.1871
Amberg, Deutschland

GESTORBEN:
28.09.1948
München, Deutschland

MENSCH ÄRGERE DICH NICHT

Ein Spielbrett, 16 Spielfiguren in 4 Farben und einen Würfel – mehr braucht man nicht für das beliebte Brettspiel. Doch wie wurde es erfunden?

Vor über 100 Jahren …

Der Unternehmer Josef Friedrich Schmidt erfindet ein Spiel für seine Söhne: Aus einem Karton und kleinen Holzstücken bastelt er das erste „Mensch ärgere dich nicht" der Welt. Zu Hause bei Familie Schmidt wird das Spiel gern gespielt, doch verkaufen lässt es sich nicht. Also schickt Josef Friedrich Schmidt zunächst Spiele an die Soldaten, die verwundet im Krankenhaus liegen. Sie freuen sich sehr darüber und spielen und spielen – und ärgern sich wahrscheinlich auch manchmal ein bisschen. Als der Krieg beendet ist, nehmen sie die Spiele mit nach Hause, und so wird „Mensch ärgere dich nicht" immer bekannter. Bald besitzen fast alle Familien dieses Brettspiel – und sie spielen und spielen und spielen. Und ärgern sich nicht – oder vielleicht doch?

PUZZLE

INFO

ERFINDER:
John Spilsbury

BERUF:
Kupferstecher und
Kartenhändler

GEBOREN:
1739
England

GESTORBEN:
1769
England

Vor 250 Jahren in England

John Spilsbury (sprich: Tschon Spilsböri) stellt Landkarten her.

Da sind ja viel zu viele Länder, wie soll man sich denn die alle merken?

Hmm.. Wie können sich die Kinder in der Schule die Länder leichter merken?

Zuerst klebe ich die Landkarte auf eine Holzplatte.

Dann säge ich entlang der Grenzen der Länder. Das dauert leider sehr, sehr lange..

Ich hab's!

Nun können die Kinder die Teile wieder richtig hinlegen. Ich habe das <u>Puzzle</u> (sprich: Passl) erfunden!

Ein englisches Wort, es bedeutet Rätsel

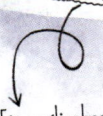

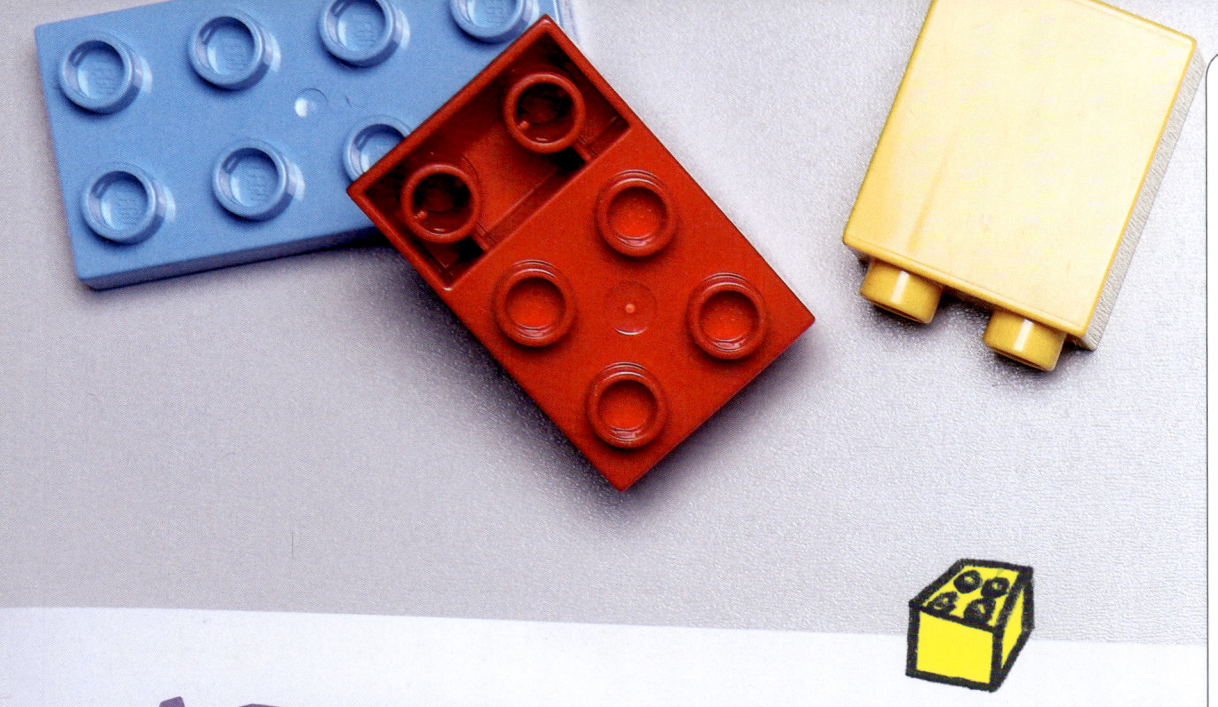

LEGO

INFO

ERFINDER:
Ole Kirk Christiansen

BERUF:
Tischler

GEBOREN:
07.04.1891
Filskov, Dänemark

GESTORBEN:
11.03.1958
Billund, Dänemark

Ole Kirk Christiansen lebt in Dänemark.

Ich bin Tischler und stelle Bausteine aus Holz her.

Und ich spiele gern damit!

NEU PLASTIK

Aha, Plastik wird modern! Ich könnte meine Bausteine aus diesem neuen Material herstellen.

Meine Firma muss moderner werden! Ich brauche eine Spritzguss-Maschine. Jetzt kann ich flüssiges Plastik in Formen gießen.

Mein Sohn Gotfred Kirk Christiansen entwickelt die Bausteine weiter.

Wir nennen die Bausteine LEGO und erhalten dafür das Patent.

JOJO

„Jo-Jo"

Du hast sicher schon einmal ein Jo-Jo ausprobiert. Auf und ab, auf und ab …
Aber wer hat es erfunden? Diese Frage ist nicht leicht zu beantworten, denn die
Erfindung des Jo-Jos ist auch so ein Auf und Ab. Schon im alten Griechenland,
in China und auf den Philippinen gab es Jo-Jos aus Ton- oder Holzscheiben.

Vor etwa 150 Jahren …

Eigentlich hat der Amerikaner *James L. Haven* (sprich: Dscheyms El Heyven) eine
Firma für landwirtschaftliche Maschinen, aber aus einer kindlichen Laune heraus
erfindet er ein sich an einer Schnur drehendes Spielzeug und nennt es „whirligig".
Das Patent für dieses Spielzeug meldet er zusammen mit *Charles Hettrich* (sprich:
Tscharls Hettritsch) im Jahr 1866 an. Der philippinische Einwanderer *Pedro Flores*
(sprich: Pedro Flores) wird auf das Spielzeug aufmerksam – vielleicht kennt er es
auch schon aus seiner Heimat. Er will damit Geld verdienen und verkauft es unter
dem heute bekannten Namen Jo-Jo. Richtig erfolgreich wird er aber erst, als der
Geschäftsmann *Donald F. Duncan* (sprich: Doneld Ef Danken) seine Firma über-
nimmt und für das Jo-Jo kräftig die Werbetrommel rührt. Er lässt sich 1932 das
sogenannte Freilauf-Jo-Jo unter dem Namen „Yo-Yo" patentieren. Ein Gericht erkennt ihm aber 1965 die Markenrechte wieder ab, weil sich der Name Jo-Jo schon
als Wort eingebürgert hat. Zu diesem Zeitpunkt ist Donald F. Duncan allerdings
bereits ein richtig reicher Mann.

INFO

ERFINDER:
James l. Haven

BERUF:
Landmaschinenfabrikant

GEBOREN:
um 1830, Ohio, USA

GESTORBEN:
weiß man nicht genau

ERFINDER:
Pedro Flores

BERUF:
Geschäftsmann

GEBOREN:
26.04.1896
Vintor, Philippinen

GESTORBEN:
weiß man nicht genau

INFO

ERFINDER:
Donald F. Duncan

BERUF:
Geschäftsmann

GEBOREN:
06.06.1892

GESTORBEN:
weiß man nicht genau

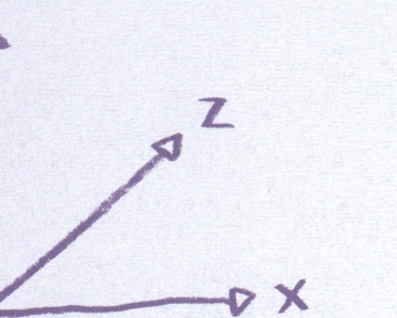

INFO

ERFINDER:
Ernö Rubik

BERUF:
Bildhauer,
Architekt, Designer

GEBOREN:
13.07.1944
Budapest, Ungarn

GESTORBEN:
lebt noch

Welcher geniale Mensch hat sich eigentlich den Zauberwürfel ausgedacht?

Sechs Flächen, acht Ecken und zwölf Kanten, das ist ein – Zauberwürfel! Jede Würfelseite hat eine andere Farbe. Das Besondere an einem Zauberwürfel ist, dass er sich in alle Richtungen verdrehen lässt. Dreht man den Zauberwürfel einmal, zweimal, dreimal oder x-mal in verschiedene Richtungen, geraten die 54 kleinen bunten Quadrate gehörig durcheinander. Wem gelingt es nun, den Würfel wieder in seinen ursprünglichen Zustand zu versetzen? UND: Wer weiß, wie der Zauberwürfel erfunden wurde?

ZAUBERWÜRFEL

Vor 40 Jahren …

Der ungarische Professor *Ernö Rubik* (sprich: Ernö Rubik) möchte für seine Studenten etwas erfinden, das ihr räumliches Denken schult. Er tüftelt lange in seiner Werkstatt. Das Ergebnis ist ein Geduldsspiel, dessen Erfindung er eigentlich gar nicht beabsichtigt hatte und das seither viele Menschen herausfordert und immer wieder sehr ungeduldig macht: der Zauberwürfel! Es gibt unglaublich viele Möglichkeiten, wie man den Zauberwürfel drehen kann. Sage und schreibe 43 Trillionen Kombinationen.

Diese wahnsinnig hohe Zahl schreibt man so:
43 000 000 000 000 000 000.

TEDDYBÄR

AUCH DER AMERIKANISCHE PRÄSIDENT THEODORE "TEDDY" ROOSEVELT (SPRICH: SIODOR ROSEWELT) LIEBTE BÄREN, SO KAM DAS STOFFTIER ZU SEINEM NAMEN.

INFO

ERFINDER:

Richard Steiff

BERUF:

Erfinder und
Geschäftsmann

GEBOREN:

07.02.1877
Giengen an der Brenz,
Deutschland

GESTORBEN:

30.03.1939
Jackson, Michigan, USA

KREUZ-WORT-RÄTSEL

Was wäre eine Zeitung oder eine Zeitschrift ohne das Kreuzworträtsel?

Vor fast 100 Jahren …

Kurz vor Weihnachten bittet der Chefredakteur einer amerikanischen Zeitung seinen Mitarbeiter Arthur Wynne (sprich: Affur Winn), er möge doch für die Weihnachtsausgabe etwas Witziges zum Zeitvertreib für die Leser erfinden. Wynne denkt angestrengt nach. Und hat nach zwei Tagen eine Idee: ein Wörterrätsel!

Als Kind hatte Wynne mit seinem Großvater immer sogenannte „magische Quadrate" gelöst. Das waren Worträtsel, bei denen vorgegebene Wörter in einer bestimmten Reihenfolge miteinander verknüpft werden mussten, sodass sie alle einen Sinn ergaben. Der junge Redakteur wandelt diese Rätsel nun so um, dass die Wörter nicht mehr vorgegeben werden, sondern die Leser selbst anhand von Umschreibungen auf die Wörter kommen müssen. Er nennt seine Erfindung „Word-Cross-Puzzle", also „Wort-Kreuz-Rätsel".

(Aus Versehen wurden die Wörter dann später irgendwann einmal umgestellt und es wurde daraus das „Kreuzworträtsel".)

INFO

ERFINDER:
Arthur Wynne

BERUF:
Redakteur

GEBOREN:
22.06.1871
Liverpool, England

GESTORBEN:
14.01.1945
Clearwater, USA

Das stellte der Puzzle-Erfinder ↓
ursprünglich her.

Woran orientierte man sich tagsüber
vor der Erfindung des Kompasses? →

Das war das erste
Massenprodukt
mit Reißverschluss. ↓

Wie alt war der
Erfindes des
„Eis am Stiel"?
↓

Darauf wurde der erste →
Staubsauger transportiert.

Welches Tier war an der →
Erfindung des Klettverschlusses
beteiligt?

Ursprünglich waren Lego- →
Bausteine aus diesem Material.

↓ Wo kam dem Erfinder
des Trampolins seine geniale Idee?

Die Erfinderin des Minirocks
hatte in dieser Stadt ein Bekleidungs-
geschäft.
↓

Bei welchem Wetter wurde →
der Scheibenwischer erfunden?

Welchen Beruf hatte der →
Erfinder der Luftschlange?

Bevor es Teebeutel gab, wurde Tee darin verschickt. →

Welcher Kaiser setzte für →
das Haltbarmachen von Essen
eine Belohnung aus?

Diese Sportart wollten die Erfinder des
Skateboards eigentlich ausüben. →

Kein Problem – dann erfindet ihr einfach selbst ein Spiel, und zwar mit all den Dingen, die ihr dabei habt. Jedem Ding ordnet ihr eine Aufgabe zu. Und weil ein Spiel einen Namen braucht, nennt ihr es einfach: „Herr der Dinge"! Wenn ihr Hilfe braucht, schaut auf Seite 230 nach. Dort zeigen wir euch, wie's geht.

FUN

VERFLIXT

UND

ZUGENÄHT

In den 50000er-Jahren vor Christus war bei den Neandertalern Fell total ange-
sagt. In der Antike wickelte man sich Stoffbahnen um den Körper, befestigte sie
mit einer Fibel (ähnlich einer Brosche), und fertig war die Toga! Im Laufe der Zeit
wurde die Kleidung immer aufwendiger. Im Rokoko, vor nicht ganz 300 Jahren,
trug die modische Dame am Hof passend zum Reifrock ein geschnürtes Oberteil.
Ob das bequem war? Praktisch war es jedenfalls nicht.

Kleider machen Leute, so sagt man. Früher zeigte die Kleidung die gesellschaft-
liche Stellung, denn die Köchin am Hof trug vermutlich keinen Reifrock. Auch
heute gibt es in vielen Berufen einen Dresscode. Das heißt, dass in gewissen Be-
rufsgruppen eine bestimmte Kleidung üblich ist.

➡➡ Oder hast du schon einmal einen Bankmanager
in kurzer Hose und Hawaiihemd gesehen?

WIE KÖNNTE SO EIN KLEIDUNGSSTÜCK AUSSEHEN? WERDE SELBST ZUM ERFINDER! HIER IST PLATZ FÜR DEINE IDEEN.

ZEICHNE EINEN ENTWURF ...

CHECK ✓

WAS MUSS ICH UNBEDINGT MITNEHMEN?

☐ _____

☐ _____

☐ _____

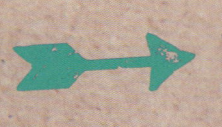

Wer hat denn unsere Kleidungsstücke und alles, was dazugehört, erfunden?

KLETTVERSCHLUSS

INFO

ERFINDER:
Georges de Mestral

BERUF:
Ingenieur

GEBOREN:
19.06.1907
Colombier, Schweiz

GESTORBEN:
08.02.1990
Commugny, Schweiz

Vor über 70 Jahren in der Schweiz

Bei Fuß!

Georges de Mestral (sprich Schorsch dö Mestral) spaziert mit seinem langhaarigen Hund durch den Wald.

Der Hund kommt aus dem Dickicht zurück, an seinem Fell hängt die „Große Klette", eine besondere Pflanze.

Oje! Wie siehst du denn aus?

Große Klette

Kleine Haken

Das Besondere an den Kletten ist, dass sie nicht kaputtgehen, wenn man sie herausreißt.

Aha! Die Klette hat kleine Haken, die sich an das Hundefell kletten. Da sie biegsam sind, gehen sie beim Herausreißen nicht kaputt.

10 Jahre später lässt George de Mestral den Klettverschluss patentieren.

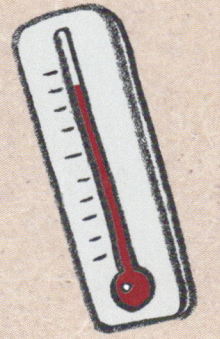

BIKINI

30 Grad im Schatten, ab ins Schwimmbad! Natürlich mit Badehose, Badeanzug oder Bikini. Früher war das anders, vor 100 Jahren schwammen Frauen und Männer noch in hochgeschlossenen Badekleidern, aber dann …

Vor 70 Jahren …

Der Franzose *Louis Réard* (sprich: Lui Reear) ist eigentlich Maschinenbauer, doch weil er dem Modedesigner Jacques Heim ein Schnippchen schlagen möchte, wird auch er kurzfristig zum Modeschöpfer – und zum Erfinder des Bikinis. Jacques Heim hat bereits zweiteilige Badebekleidung entworfen, aber mit sehr viel Stoff. Louis Réard möchte, dass man über ihn spricht, und weiß auch schon wie! Er entwirft einen Bikini aus viel weniger Stoff. Als er seine Erfindung der Öffentlichkeit vorstellt, ist das Entsetzen groß! Dass man beim Baden so viel nackte Haut zu sehen bekommt, ist zu dieser Zeit sehr ungewöhnlich und wird als Zumutung empfunden. Es hagelt Proteste. In den Badeanstalten wird es den Damen zunächst verboten, einen Bikini zu tragen. Das ändert sich später, wie du weißt.

INFO

ERFINDER:
Louis Réard

BERUF:
Maschinenbauer

GEBOREN:
1897
Frankreich

GESTORBEN:
16.09.1984
Lausanne, Schweiz

Übrigens: Die Burka ist ein Kleidungsstück, das Frauen tragen, die ihren Körper wegen ihrer Religion verschleiern. Burkini (das Wort setzt sich aus Burka und Bikini zusammen) nennt man einen Schwimmanzug für Frauen, die auch beim Baden ihren Körper verschleiern.

 Wusstest du, dass der Erfinder des Bikinis Maschinenbauer war?

INFO

ERFINDER:
Levi Strauss

BERUF:
Geschäftsbesitzer für
Goldwäscherausrüstung

GEBOREN:
26.02.1829
Buttenheim, Deutschland

GESTORBEN:
26.09.1904
San Francisco, USA

ERFINDER:
Jacob Davis

BERUF:
Schneider

GEBOREN:
1834
Riga, Lettland

GESTORBEN:
1908
San Francisco, USA

JEANS

Vor ungefähr 150 Jahren in Amerika ...

Levi Strauss führt ein Geschäft, in dem es alles gibt, was Goldwäscher für ihre Arbeit brauchen: zum Beispiel Pfannen zum Goldwaschen oder Zeltstoffe. Weil die Goldwäscher ständig kaputte Hosen haben, wünschen sie sich unverwüstliche Kleidung. Da hat Herr Strauss eine Idee: Aus den braunen Zeltstoffen lässt er Hosen anfertigen, und die Goldwäscher kaufen begeistert ein. Noch robuster sind seine Hosen aus blauem Denim-Stoff, der normalerweise für Schiffssegel verwendet wird. Aber leider gehen die Hosentaschen, die die Goldgräber immer vollstopfen, leicht kaputt.

Der Schneider *Jacob Davis* bezieht seine Stoffe bei Levi Strauss, um daraus Goldwäscher-Hosen zu nähen. Doch seine Nähte reißen ebenfalls, und die Taschen bekommen Löcher. Er tüftelt und tüftelt und hat plötzlich einen Geistesblitz! Nähte und Taschen müssten sich doch mit Nieten aus Metall verstärken lassen! Weil Jacob Davis nicht genügend Geld hat, um seine Idee patentieren zu lassen, erzählt er Levi Strauss davon. Gemeinsam stellen sie nun die neuen „Nietenhosen" her, und Levi Strauss meldet ihre gemeinsame Erfindung zum Patent an.

ERFINDER:
Elias Howe

BERUF:
Fabrikant und Erfinder

GEBOREN:
09.07.1819
Spencer, Massachusetts,
USA

GESTORBEN:
weiß man nicht genau

REISSVERSCHLUSS

(sprich: Ileias Hau)

INFO
ERFINDER:
Leonard Whitcomb
Judson

BERUF:
Erfinder und
Handlungsreisender

GEBOREN:
07.03.1846
Chicago, USA

GESTORBEN:
weiß man nicht genau

ERFINDER:
Gideon Sundbäck

BERUF:
Maschinenbauingenieur

GEBOREN:
24.04.1880
Ödestugu, Schweden

GESTORBEN:
weiß man nicht genau

Vor über 150 Jahren in den USA

Elias Howe ist auf der Suche nach einem besseren Verschluss.

Das dauert ja eeewig. Wie könnte das schneller gehen?

Juhuuu, ich habe das Patent für einen „automatischen, ununterbrochenen Kleiderverschluss" angemeldet.

Mit Haken, Rippen und einer verbindenden Schnur könnte das klappen …!

Hm, das funktioniert noch nicht gut. Da muss ich noch weitertüfteln …

(sprich: Lenard Witcom Dschadsen)

Vor über 120 Jahren

Leonard Whitcomb Judson zieht seine hochgeschnürten Stiefel an.

Das dauert so lange!

Herr Howe hat sich darüber schon Gedanken gemacht … Wie könnte ich seine Idee verbessern?

Hm, leider stimmt das nicht. Mein Reißverschluss klemmt dauernd oder er geht immer wieder auf!

EIN ZUG UND FERTIG!

Mein lieber Partner Colonel Lewis Walker! Ich gebe auf, übernimm du die Leitung der Firma!

Gideon Sundbäck kommt in die Firma.

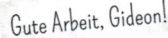

Kennen Sie sich mit Reißverschlüssen aus?

Aber ja!

Wir müssen hier noch eine Kleinigkeit verbessern … Und da noch ein wenig …

Gute Arbeit, Gideon!

Es hat sich ausgezahlt nicht aufzugeben, sondern weiterzutüfteln.

Ja, gut Ding braucht Weile!

Geduld und Ausdauer sind wichtig!

Mit zwei schweren Metallketten mit Schiebeverschluss könnte es funktionieren!

Hurra! Fertig!

Der Reißverschluss kann produziert werden!

Mach ich! Aber ich brauche einen neuen Mitarbeiter!

Der erste Massenartikel

Ein Geldbeutel mit Reißverschluss

Juhu, ich habe das Patent erhalten! Meine Erfindung heißt Klammerverschluss oder -öffner für Schuhe.

MOON-BOOTS

Am 20. Juli 1969 hält die Welt den Atem an – der erste Mensch betritt den Mond! Als der amerikanische Astronaut Neil Armstrong (sprich: Niel Armstrong) aus der Apollo 11 aussteigt, sagt er einen inzwischen sehr berühmten Satz: „Das ist ein kleiner Schritt für einen Menschen, aber ein riesiger Sprung für die Menschheit!" Diesen „kleinen Schritt" sieht sich der Italiener *Giancarlo Zanatta* (sprich: Dschancarlo Zanatta), der die Mondlandung gespannt vor dem Fernseher verfolgt, genau an. Ihm gefallen die außergewöhnlichen Stiefel des Astronauten so gut, dass er beschließt, Stiefel im gleichen Stil zu entwerfen.

Natürlich sollen diese Stiefel auch bei ähnlich großer Kälte wie auf dem Mond die Füße wärmen. Weil das Modegenie die Idee zu seiner Erfindung während der Mondlandung hatte, nennt er die neuen Stiefel „Moonboots", aus dem Englischen übersetzt „Mondstiefel". Übrigens: Giancarlo Zanattas Erfindung wurde bisher über 20 Millionen Mal verkauft.

INFO

ERFINDER:
Giancarlo Zanatta

BERUF:
Unternehmer

GEBOREN:
1938
Italien

GESTORBEN:
lebt noch

FLIPFLOPS

Jeden Sommer packen wir sie wieder aus – die Flipflops. Schuhe, die ähnlich wie Badesandalen aussahen, gab es schon vor vielen tausend Jahren. Natürlich nicht in leuchtenden Farben und auch nicht aus Kunststoff, und wahrscheinlich auch nicht so bequem wie heute. Schon vor über 3000 Jahren trugen die Ägypter Sandalen, deren Sohlen mit Bändern und Riemen über den Zehen festgehalten wurden.

Vor ungefähr 20 Jahren ...

Die deutsche Triathletin *Stefanie Schulze* lässt sich die Marke Flip*Flop schützen, und die bunten Zehensandalen aus weichem, bequemem Kunststoff werden plötzlich zu einer Modeerscheinung. Die Modelle, die man früher nach dem Sport oder im Freibad getragen hatte, waren längst nicht so schick, denn sie wurden aus festem Kunststoff gefertigt und hatten einen breiten Riemen. Heute tragen viele Menschen Flipflops, nicht nur am Strand, sondern generell bei heißem Wetter.

Den Begriff „flip-flop" gibt es im englischsprachigen Raum schon seit mehr als 60 Jahren. Vermutlich entstand der Name für die Zehensandalen durch das Geräusch, das diese beim Gehen erzeugen, nämlich: flip und flop.

INFO	
ERFINDER:	Stefanie Schulze
BERUF:	Triathletin
GEBOREN:	1964
GESTORBEN:	lebt noch

SMILEY

Vor über 6 0 Jahren lebte in Amerika ein 👦,

er hieß *Harvey Ball* (sprich: Harwe Boll).

Sein Beruf war ✏️ 🎨. Eines Tages wollte eine Firma

eine Zeichnung von ihm. Die 👩 👴 👧 👦, die dort arbeiteten,

waren immer 😫 😖 🙁 😔 und fanden ihre Arbeit 👎.

Ball dachte nach und erfand den 😄. Alle 👩 👴 👧 👦 in der Firma

sollten den 😄 an ihr 👕, ihre 👚, 👖 oder ihr 👗 stecken,

an ihre 💼 oder ihren 🎩.

Plötzlich wollten auch andere Leute den 😄 zum Anstecken.

👦 hatte eine Erfindung gemacht. Der 😄 war bald 🌍 berühmt

und wurde Smiley (sprich: Smeilie) genannt. Für seine Arbeit

bekam 👦 jedoch nur 4 5 💵. Leider ließ er seine Zeichnung

auch nicht beim Patentamt schützen, das tat ein anderer 👨.

Ein Franzose veränderte den 😄 ein wenig und ließ das Bild in

Europa schützen. Dort verklagte er alle, die seinen 😄 verwendeten.

Obwohl es nicht seine Erfindung war, bekam er dafür sehr viel 💶.

Der eigentliche Erfinder 👦 wollte mit der Geldgier nichts zu tun haben.

Er sagte: Man kann doch nicht wegen eines 😄 klagen.

INFO

ERFINDER:
Harvey Ball

BERUF:
Grafiker

GEBOREN:
10.07.1921
Worcester,
Massachusetts, USA

GESTORBEN:
12.04.2001
Swansea,
Massachusetts, USA

MINIROCK

INFO

ERFINDER:
Mary Quant

BERUF:
Modeschöpferin

GEBOREN:
11.02.1934
Blackheath, England

GESTORBEN:
lebt noch

MARY QUANT (SPRICH: KWOND) IST EINE JUNGE MODESCHÖPFERIN. SIE HAT EIN GESCHÄFT IN LONDON.

BAZAAR

WARUM SIND RÖCKE IMMER LANG UND ENG? DAS IST NICHT SEHR BEQUEM, WENN MAN SICH BEWEGEN WILL!

ICH KÖNNTE DOCH ...

... DEN ROCK EINFACH ÜBER DEM KNIE ABSCHNEIDEN! DAS GEFÄLLT MIR UND IST PRAKTISCH.

MAN KANN NUN DIE BEINE DER FRAUEN SEHEN. WAS SOLL DIE AUFREGUNG? MARY GEFÄLLT DIE NEUE FREIHEIT.

Freiluftkino oder Open-Air-Konzert – ein herrliches Vergnügen im Sommer. Aber wohin mit den vielen Dingen, die du sonst im Rucksack oder in einer Tasche transportierst? Taschen stören schließlich beim Tanzen.
Wie wäre es mit einer Jacke, in der alle deine Sachen Platz finden? Dein Handy, ein Snack, eine Trinkflasche, Regenschutz, Kopfhörer …

Wenn du Hilfe brauchst, schau auf Seite 232 nach. Dort zeigen wir dir, wie man eine Jacke festivaltauglich machen kann!

WOHOOO

cool

Endlich Ferien – und es gibt so viel zu tun!
Gummistiefelweitwerfen, Minigolfen, Schnorcheln, Slacklinen,
Trampolinspringen, Tischtennisspielen.

➤ Oder hast du Lust auf unsere neu erfundenen Sportarten?

Auf-ein-Handtuch-Weitsprung: Lege das Handtuch möglichst
weit von dir entfernt in den Sand. Nimm Anlauf und spring!!!

Küchenrolle-gegen-Klopapierrolle-Fechtturnier: Wer zieht den
Kürzeren? Zieht auf dem Boden eine Linie. Stellt euch einander
gegenüber in Fechtposition und beginnt das Turnier. Wer er-
zielt zuerst drei Treffer?

Wer-kommt-am-langsamsten-und-kompliziertesten-ans-Ziel?:
Sucht euch einen Startpunkt und ein Ziel. Niemand darf still
stehen, aber es soll auch niemand schnell ans Ziel gelangen. Wie
der Name schon sagt, ist es eure Aufgabe, einen möglichst kom-
plizierten Weg zu finden, auf dem ihr ausgesprochen l-a-n-g-
s-a-m ans Ziel kommt.

WAS HABEN WIR ALLES AM STRAND DABEI? LÄSST SICH DAMIT EIN NEUES FREIZEIT-SPIEL ERFINDEN?

WERDET SELBST ZU ERFINDERN!

BOOMERANG

BOOMERANG

HIER IST PLATZ FÜR IDEEN!

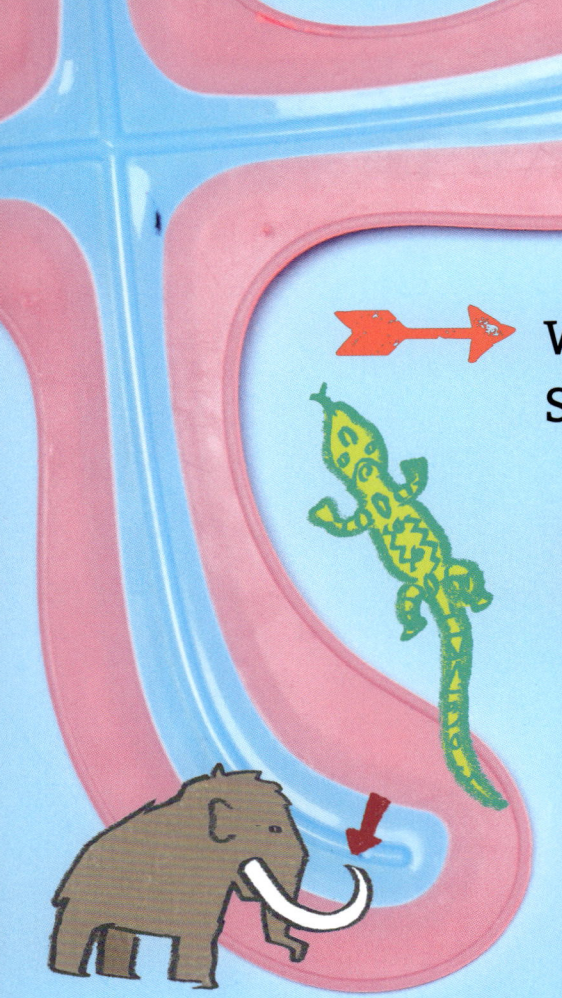

Wer hat denn all die anderen Sport-Freizeit-Spiele erfunden?

BUMERANG

INFO

ERFINDER:
Aborigines, Menschen in Deutschland und Polen

ERFUNDEN:
vor 23 000 Jahren

Der Bumerang gilt erst seit einigen Jahren als Sportgerät.

Eigentlich ist er ein australisches Wurfgerät, das vor allem als Waffe zum Jagen benutzt wird. Ein Bumerang kann wie ein L, aber auch wie ein X oder ein T geformt sein. Bei der richtigen Wurftechnik kommt er wieder zum Werfer zurück. Den australischen Jägern ist dies allerdings nicht so wichtig wie den Sportlern.

Die Aborigines in Australien haben viele verschiedene Modelle und verwenden Bumerangs nicht nur zum Jagen, sondern auch zum Graben oder Musikmachen.

Auch in Deutschland, Polen und anderen europäischen Regionen hat man alte Bumerangs gefunden. Der bisher älteste Bumerang wurde in Polen entdeckt und ist ungefähr 23 000 Jahre alt. Er wurde aus einem Mammutzahn gemacht.

Aber warum kommt ein Bumerang überhaupt wieder zum Werfer zurück?

Das ist kompliziert. Die Drehbewegung des Bumerangs, der Auftrieb der Flügel, die Luftströmung (Saugkraft der Luft) und die Fluggeschwindigkeit spielen hier zusammen. Durch die kreiselnde Drehbewegung hat immer ein Flügel etwas mehr Auftrieb, bis er leicht kippt und so der andere Flügel mehr Auftrieb erhält und so weiter. Dadurch fliegt der Bumerang eine Kurve und kommt wieder zurück.

FRISBEE

INFO

ERFINDER:
Frisbie Pie Company
und ihre Kunden

BERUF:
Bäckereibetrieb,
Studierende

ERFUNDEN IN:
Bridgeport,
Connecticut, USA

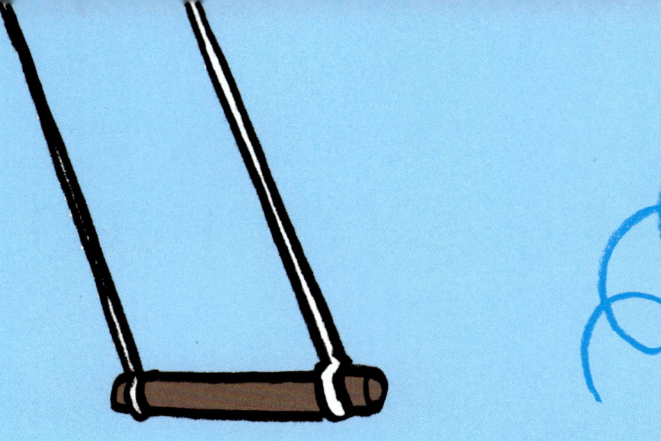

TRAMPOLIN

GEORGE (SPRICH: TSCHORTSCH) NISSEN GEHT NACH DER SCHULE GERN IN DEN ZIRKUS.

DAS SICHERHEITSNETZ DER ZIRKUSLEUTE FINDE ICH TOLL!

DAS MACHT BESTIMMT SPASS! WÄRE DAS NICHT ETWAS FÜR DEN TURNUNTERRICHT? FINDE ICH SUPER!

NUN BIN ICH ERWACHSEN, ERFINDE DAS TRAMPOLIN UND GRÜNDE EINE FIRMA FÜR TURNGERÄTE.

INFO

ERFINDER:
George Nissen

BERUF:
Turner

GEBOREN:
01.02.1914
Blairstown, Iowa, USA

GESTORBEN:
07.04.2010
San Diego,
Kalifornien, USA

ACHTERBAHN

INFO

ERFINDER:
John A. Miller, geb. als August John Mueller

BERUF:
Erfinder, Achterbahn-konstrukteur

GEBOREN:
1872
Homewood, Illinois, USA

GESTORBEN:
24.06.1941
Houston, Texas, USA

Laaaangsam hinauf und dann in voller Fahrt rasant hinab in die Tiefe, noch eine schnelle Kurve und schwungvoll hinein in den Looping. Fest angeschnallt rasen ein paar Waghalsige in ihren Wagen dahin, sie lachen und kreischen um die Wette. So sieht eine Fahrt mit der Achterbahn aus.

Aber bis die Technik so weit war, dauerte es viele Jahre.
Die ersten Flitze-Bahnen entstanden vor 300 Jahren in Russland und wurden als russische Berge bezeichnet. Auf künstlichen Hügeln brachte man Rampen aus Holz an, die mit Eis und Schnee bedeckt wurden und von denen man vortrefflich hinunterrutschen konnte. Sie dienten den Reichen und Adeligen als Freizeitvergnügen.

Einige Zeit später nahmen Soldaten diese Idee aus Russland mit nach Frankreich. Anstelle von Eisrampen wurden hier Schienen konstruiert, auf denen man, ganz ohne Schnee und Eis, Schlitten fahren lassen konnte.

Auch in Amerika schätzte man es, zügig bergauf und bergab zu fahren. Hier fanden die Menschen Vergnügen daran, auf Eisenbahnstrecken mitzufahren, die eigentlich für den Transport von Kohle gedacht waren. Auf und ab ging's hier durch hügelige Landschaften – und das gefiel den Amerikanern sehr. So kam es, dass auf Coney Island, einem berühmten Strand und Vergnügungspark in New York, nach diesem Vorbild eine richtige Achterbahn entstand. Diese ersten Versuche in Paris und New York waren aber nicht so sehr von Erfolg gekrönt. Denn immer wieder verletzten sich Menschen.

Also erfand der Amerikaner *John A. Miller* (sprich: Tschon Ey Miller) Wagen mit Rädern, die sich von unten an den Schienen festhielten. Dadurch konnten die Wagen nicht mehr entgleisen, und die Strecken wurden immer aufregender. Nun konnten sogar die ersten Bahnen mit einem Looping gebaut werden.

HULA-HOOP

Deine Großeltern hatten, als sie klein waren, vermutlich noch einen Reifen aus Holz, den sie um ihren Bauch kreisen ließen. Vor ungefähr 50 Jahren waren die meisten Hula-Hoop-Reifen aber schon aus Plastik. Es gibt sie in den verschiedensten Farben und Größen. Der Reifen ist nicht nur ein Spielzeug, sondern auch ein Sportgerät.

Schon vor langer Zeit rollten Menschen Holzreifen vor oder neben sich her. Das nennt man Reifentreiben. Es ist gar nicht so einfach und erfordert viel Geschick und Ausdauer. Vor ungefähr 100 Jahren war es eine beliebte Freizeitbeschäftigung für Kinder.

Der Hula-Hoop-Reifen, wie wir ihn heute kennen, wurde vor etwa 60 Jahren erfunden. Eigentlich nicht wirklich erfunden, denn auch schon vorher ließen Menschen Reifen um ihre Hüften kreisen, aber seit dieser Zeit verkauft eine amerikanische Spielzeugfirma einen Plastikreifen unter diesem Namen. Der Name setzt sich aus dem Wort „Hula", das ist ein Tanz aus Hawaii, und dem englischen Wort „Hoop" für Reifen zusammen.

Es gibt sogar Hula-Hoop-Wettbewerbe: Wer kann die meisten Reifen auf einmal kreisen lassen? Wer schafft es am längsten, einen Reifen kreisen zu lassen? Probiere es einmal selbst mit deinen Freunden aus!

INFO

ERFINDER:
Wham-O Corp.

BERUF:
Spielzeughersteller

ERFUNDEN IN:
Kalifornien, USA

SKATEBOARD

In Kalifornien langweilen sich Surfer am Strand.

Keine Wellen zum Surfen ...

Ich schlafe gleich ein!

Hm, das könnte eine Idee sein!

Ich schraube die Räder meiner Rollschuhe auf mein Surfbrett.

Cooler Asphalt-Surfer!

INFO

ERFINDER:
Surfer

BERUF:
Surfer

ERFUNDEN IN:
Kalifornien, USA

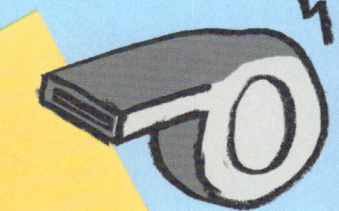

FUSSBALL

Welche Sportart wird beinahe auf der ganzen Welt geliebt? Richtig – Fußball.

Fußball ist ein sehr alter Sport. Schon vor mehr als 3000 Jahren spielten die Menschen in China Ball mit den Füßen. Auch im alten Rom oder in Griechenland wurde dies in ähnlicher Form ausgeübt. Vor allem Soldaten lernten das „Ballspielen mit dem Fuß" in ihrer militärischen Ausbildung und hielten sich körperlich damit fit. Bei den Mayas und Azteken in Mittelamerika gab es eigene Plätze für Ballspiele. Im Laufe der Zeit änderten sich immer wieder die Regeln. Mal durfte der Ball nur mit den Händen, mal nur mit den Füßen berührt werden, manchmal auch beides. Auch die Anzahl der Spieler änderte sich öfters.

In England spielten die Menschen ebenfalls gerne Fußball, und dort schrieben Studenten auch die ersten Fußballregeln auf.
Das war 1848, also vor ungefähr 170 Jahren.

Heute wird Fußball so gespielt: Es gibt zwei Mannschaften mit jeweils 11 Spielern. Jede Mannschaft hat auch einen Tormann. Ziel ist es, den Ball mit dem Fuß in das gegnerische Tor zu befördern. Ein Schiedsrichter passt auf, dass niemand unfair spielt und gegen die Regeln verstößt. Damit die beiden Mannschaften voneinander zu unterscheiden sind, tragen die Spieler einer Mannschaft oft einheitliche Trikots oder ein anderes gemeinsames Erkennungszeichen wie zum Beispiel Stoffbänder.

INFO

ERFINDER:
Chinesen

ERFUNDEN:
vor mehr als 3000 Jahren

TENNIS

Heute ist das Tennisspielen ein bekannter und allseits beliebter Sport. Im Mittelalter spielten es vor allem die französischen Mönche in ihren Klosterhöfen.

Zunächst, also vor fast 800 Jahren, spielten sich die Mönche die Bälle allerdings noch ohne Schläger zu, sie verwendeten hierfür ihre Handflächen. Daher hieß das Spiel in Frankreich auch „Jeu de Paume" („Spiel mit der Handfläche").

Bald darauf wurde diese Art des Ballspielens auch bei den Adeligen in Frankreich und England populär. Forscher glauben, dass die Bezeichnung „Tennis" vom französischen Wort „tenez" herrührt, denn dies bedeutet „nehmt" oder „haltet". „Tenez!" riefen die Franzosen immer, wenn sie auf den Ball schlugen. In den Schlössern der Adeligen gab es für das Spiel eigene Säle, später wurden in den Städten für die gesamte Bevölkerung sogenannte „Ballhäuser" eröffnet. In den Ballhäusern durften auch gewöhnliche Bürger und Handwerker Tennis spielen und sogar an Tenniskursen teilnehmen.

Erst viele Jahre nach der Erfindung des Tennisspielens wurden der Tennisschläger und das Tennisnetz erfunden.

INFO

ERFINDER:
Mönche

ERFUNDEN:
vor 800 Jahren
in Frankreich

HUUUi

Keine Lust mehr, nur am Strand zu liegen oder zu schwimmen? Wie wäre es also mit einem neuartigen Schwimm-Sport-Spaß-Gerät? Versuche doch selbst einmal, eine Riesenfrisbee zu bauen, die schwimmen kann.

Wenn du Hilfe brauchst, schau auf Seite 236 nach. Dort zeigen wir dir, wie's geht!

➡ Was macht Süßes süß?

Meistens ist das Zucker – in welcher Form auch immer. Schon vor vielen tausend Jahren verwendeten die Menschen Zuckerrohr, um Speisen zu süßen. Zucker wird in unseren Breiten vorwiegend aus Zuckerrüben gewonnen.

Hast du gewusst, dass auch in vielen Lebensmitteln, die gar nicht süß schmecken, Zucker versteckt ist? Zum Beispiel in verschiedenen Wurstsorten, in billigem Balsamessig, in Fertigsoßen oder in vielen Müsliriegeln.

Du weißt bestimmt, dass zu viel Süßes nicht gesund ist. Aber um es zu genießen, brauchst du ja nicht zu viel davon zu essen. Und auch nicht immer. Vielleicht bei besonderen Anlässen?

Morgen ist Schulfest,
und ich soll etwas Süßes mitbringen.
Aber was denn bloß?

HAST DU SCHON
EINMAL EINE SÜSSIGKEIT
SELBST GEMACHT?
WERDE SELBST
ZUM ERFINDER!

KUCHEN?
BRINGT ANNE MIT.

EIS?
GEHT NICHT BEI HITZE!

CRÊPES?
→ FRAU MEIER, SCHULKÜCHE

WAFFELN?
→ LISA UND TOM

DONUTS?
→ TINA

MUFFINS?
→ KARL

HIER IST PLATZ FÜR DEINE IDEEN. SCHREIBE DEIN LIEBLINGSREZEPT HIER AUF.

Wer hat eigentlich
all die süßen
Leckereien erfunden?

NUTELLA

PIETRO FERRERO IST KONDITOR.
WEGEN DES KRIEGES GIBT ES IN
ITALIEN WENIG SCHOKOLADE.

TUT MIR LEID!

WIR HABEN VIELE HASEL-
NUSS-STRÄUCHER. ICH
KÖNNTE SCHOKOLADE
MIT HASELNÜSSEN
MISCHEN.

MMH, DAS SCHMECKT JA
GROSSARTIG! NUN HABEN
WIR MEHR VON DIESER
SÜSSEN CREME.

NICHT NUR KINDER LIEBEN
DIE HASELNUSSCREME.
UND ICH BIN JETZT EIN
SEHR REICHER MANN!

INFO

ERFINDER:
Pietro Ferrero

BERUF:
Konditor

GEBOREN:
02.09.1898
Farigliano, Italien

GESTORBEN:
02.03.1949
Alba, Italien

GUMMI-BÄRCHEN

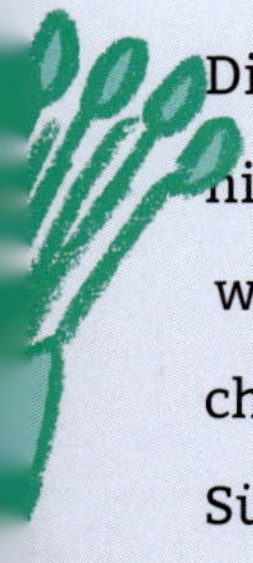

Vor über 90 Jahren …

Hans Riegel lebt in Deutschland, genauer gesagt in Bonn. Von Beruf ist er Bonbonkocher. Eines Tages setzt er es sich in den Kopf, ganz besondere Süßigkeiten herzustellen – kleine Fruchtgummis in Bärenform. Hans Riegel nennt seine Erfindung Tanzbären, aber sein Rezept verrät er nicht, die Zutaten sind auch heute noch streng geheim. Sicher ist, dass er Zucker mit Gummi arabicum mischt, dem Saft einer Pflanze.

Als die kleinen Tanzbären einen Namen brauchen, erfindet er ein Wort – aus den ersten Buchstaben seines Vornamens, seines Nachnamens und seines Wohnortes. Lies oben nach, dann bekommst du es bestimmt heraus.

Die Firma gibt es immer noch, doch von Hand werden die Fruchtgummis längst nicht mehr hergestellt. Schließlich verlassen jeden Tag 100 Millionen weiße, gelbe, orange, grüne, hell- und dunkelrote Frucht-gummi-Bärchen die Produktionswerke – und darüber hinaus noch viele andere Süßigkeiten.

INFO

ERFINDER:
Hans Riegel

BERUF:
Bonbonkocher

GEBOREN:
03.04.1893
Friesdorf bei Bonn
Deutschland

GESTORBEN:
31.03.1945
Deutschland

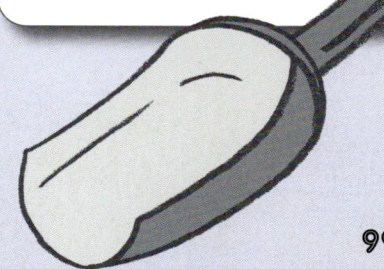

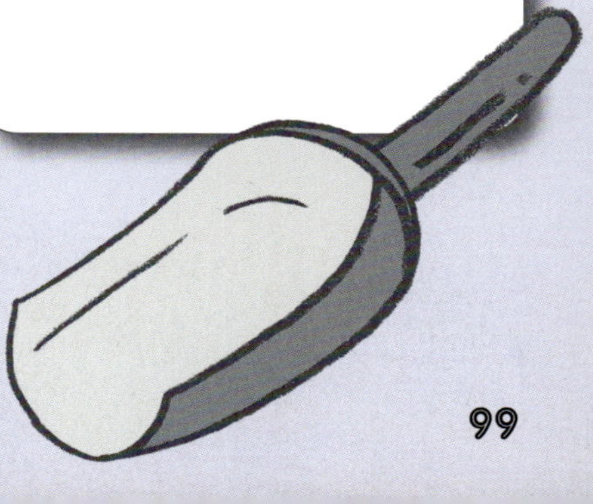

INFO

ERFINDER:
John Stith Pemperton

BERUF:
Apotheker

GEBOREN:
08.07.1831
Knoxville, Georgia, USA

GESTORBEN:
16.08.1888
Atlanta, Georgia, USA

COLA

Cola können wir heute in jedem Supermarkt und an jedem Kiosk kaufen. Doch das war nicht immer so …

Vor 130 Jahren …

John Stith Pemperton (sprich: Tschon Stiff Pemberten) arbeitet in einer Drogerie. Er möchte ein muntermachendes und wohlschmeckendes Produkt erfinden und stellt einen Sirup aus Kokablättern, Kolanuss, Wasser und viel Zucker her. Wegen dieser Inhaltsstoffe nennt er das Getränk „Coca-Cola". Er fügt noch weitere Zutaten hinzu, die er jedoch geheim hält. Seine Erfindung verkauft er nur in Drogerien, schließlich ist Cola zunächst kein Erfrischungsgetränk wie heute, sondern ein Medikament gegen Müdigkeit, Kopfschmerzen und Nervenschwäche.

Nur zwei Tage nachdem John Stith Pemperton sein Patent eingereicht hat, verkauft er es auch schon an einen Großhändler. Dieser lässt sich den Namen Coca-Cola schützen und vermarktet das Getränk zuerst in Nordamerika, dann auf der ganzen Welt. Einige Jahre später werden wegen des Suchtmittelgesetzes keine Kokablätter mehr für Coca-Cola verwendet, und sie wird weltweit zu einem beliebten Getränk.

Warum ist Coca-Cola eigentlich so bekannt? Ein Grund ist sicher die Werbung, denn die Firma gibt dafür sehr viel Geld aus. Cola enthält viel Zucker, daher muss jeder für sich entscheiden, ob und wie viel Cola er trinken möchte. Viele genießen das Getränk daher nur bei besonderen Anlässen, etwa bei Geburtstagen oder im Urlaub.

ZUCKERWATTE

WILLIAM MORRISON IST ZAHNARZT, JOHN C. WHARTON (SPRICH: TSCHON SI WORTN) IST ZUCKERBÄCKER.

INFO

ERFINDER:
William Morrison
John C. Wharton

BERUF:
Zahnarzt
Konditor

ERFUNDEN IN:
Nashville, Tennessee, USA

UNSERE IDEE: LASS UNS ETWAS AUS ZUCKER MACHEN!

DIESE TOLLE MASCHINE IST UNSERE ERFINDUNG! SIE DREHT SICH UND VERWANDELT HEISSEN ZUCKER IN DÜNNE FÄDEN.

MMH! KLEBRIG UND ZUCKERSÜSS.

UND WEICH WIE WATTE. ZUCKERWATTE!

KAUGUMMI

Ist Kaugummi eine junge Erfindung? Ja und nein.

Tatsache ist, dass viele Menschen die Erfindung des Kaugummis vorangetrieben haben.

Die erste Kaugummifabrik wurde vor etwas mehr als 160 Jahren gegründet. Der Amerikaner *John Curtis Jackson* (sprich: Tschon Cörtis Dschäksen) erhitzte Fichtenharz, gab Zucker dazu und rollte die Masse aus. Anschließend schnitt er sie in Streifen – fertig waren die ersten Kaugummis. Weil sie gut schmeckten, stellte Jackson sie nun in größerem Stil her und verkaufte sie an seine Landsleute.

Baumharze haben die Menschen aber schon in der Steinzeit gekaut. Zum Beispiel Birkenharz, das eigentlich ungenießbar ist. Forscher glauben, dass damit Zahnschmerzen betäubt wurden.

Auch die Mayas in Mittelamerika kauten Harz und nannten es „Chicle". Als der Amerikaner *Thomas Adams* (sprich: Thomas Ädems) davon erfuhr, produzierte er ebenfalls Kaugummis – allerdings mit Lakritz- oder Fruchtgeschmack, und er verpackte sie in buntes Papier.

Kurze Zeit darauf hatte der Seifenfabrikant *William Wrigley* (sprich: William Rigli) eine geniale Idee. Auch er stellte Kaugummis her, gab sie den Kunden aber als Geschenk zu seinen anderen Waren wie Seife oder Backpulver dazu. Das verschaffte seinem Produkt große Bekanntheit, und viele Leute kauften die süßen Streifen. Da Wrigley mit diesem Geschäftsmodell so viel Erfolg hatte, setzte er noch einen drauf: Jedem, der ein Telefonbuch bestellte, legte er noch Gratiskaugummis dazu. Bald gab es niemanden mehr, der Wrigley's Kaugummi nicht kannte – und wir kennen ihn noch heute!

INFO

ERFINDER:
John Curtis Jackson
Thomas Adams
William Wrigley

BERUF:
Kaugummifabrikant
Erfinder
Seifenfabrikant,
Kaugummihersteller

GEBOREN:
um 1810, USA
1818, New York, USA
03.09.1861
Philadelphia, USA

GESTORBEN:
weiß man nicht genau

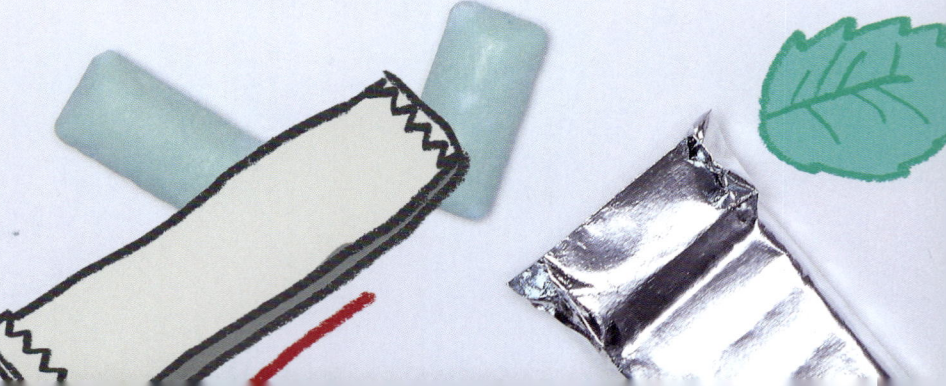

Für uns ist es ganz selbstverständlich, dass wir uns morgens und abends die Zähne mit Zahnbürste und Zahnpasta putzen. Das war aber nicht immer so.

Schon die Menschen im alten Rom und in Griechenland verwendeten verschiedene fein geriebene Pulver oder Salz, um ihre Zähne zu reinigen. Das Pulver, mit dem sie die Beläge von den Zähnen schrubbten, konnte vieles sein: zerriebene Tierknochen, Kohlepulver, Muschelschalen, Sand, Marmorpulver, Natron- oder Kreidepulver.

Vor 130 Jahren ...

Der Österreicher *Carl Sarg* hat die Nase voll von Zahnpulver, Mundwasser und Zahnseife, die in Töpfchen und Tiegelchen in seinem Badezimmer herumstehen. Er möchte etwas Praktisches – und erfindet die erste Zahnpasta in einer Tube! Diese nennt er Kalodont. Man muss sie nur noch aus der Tube auf die Zahnbürste drücken und nicht vorher umständlich mit Wasser anrühren.

Zehn Jahre später gibt es auch in Amerika Zahnpasta in Tuben. Dort wird sie von der Firma Colgate verkauft. Die Firma und den Namen Colgate gibt es bis heute.

ZAHNPASTA

INFO

ERFINDER:
Carl Sarg

BERUF:
Unternehmer im Chemiebereich

GEBOREN:
10.02.1832

GESTORBEN:
14.03.1895
Wien, Österreich

75ml

INFO

ERFINDER:
Silvin Jancic

BERUF:
Physiker

GEBOREN :
in der Schweiz

GESTORBEN:
lebt noch

ERFINDER:
André Becsey

BERUF:
Elektrotechniker

GEBOREN :
in der Schweiz

GESTORBEN:
lebt noch

FLIEGEN**KLATSCHE**

Lästige Fliegen werden seit eh und je mit der Hand verscheucht oder getötet.

So gesehen ist die Hand die erste Fliegenklatsche der Welt.

Fliegenklatschen gibt es aber auch aus Plastik und in verschiedenen Formen und Ausführungen.

Was so simpel klingt, ist ganz schön kompliziert. Denn eine Fliegenklatsche soll die lästigen Insekten zwar töten, aber nicht an der Wand oder auf dem Tisch zerquetschen. Daher muss das Material leicht und federnd sein. Und auf die Form kommt es an, schließlich will man auch Fliegen in den Ecken eines Zimmers erwischen. Es gibt auch Fliegenklatschen mit klebendem Material, woran die Fliegen haften bleiben.

In den letzten Jahren wurde eine elektrische Fliegenklatsche erfunden. Sie funktioniert mit Batterie, und das Gitter der Klatsche wird unter Strom gesetzt. Die Fliege stirbt durch einen Stromschlag. Tierlieb ist wohl keine der Varianten!

Vielleicht dann doch lieber die Erfindung zweier Schweizer verwenden: Der Physiker *Silvin Jancic* (sprich: Silvin Jantschitsch) und der Elektrotechniker *André Becsey* (sprich: Ondre Betschey) haben einen Insekten-Sauger entwickelt. Diese Erfindung tötet die Tiere nicht, sondern saugt sie ein. Danach können sie ins Freie entlassen werden.

Wer hatte eigentlich die leckere Idee,
die Cornflakes zu erfinden?

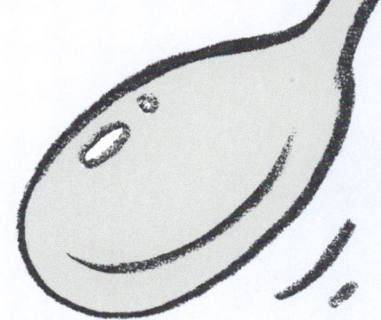

CORNFLAKES

Cornflakes in eine Schüssel rieseln lassen und Milch darüber – so beginnt in vielen Familien der Tag.

Vor etwas mehr als 120 Jahren ...

John Harvey Kellogg (sprich: Tschon Harvi Kellog) und *William Keith Kellogg* (sprich: William Kieff Kellog) leben in Amerika. Die Brüder sind Ärzte und arbeiten in einem Sanatorium. John als ärztlicher Leiter und William als Geschäftsführer. Im Sanatorium gibt es auch übergewichtige Patienten, denen die beiden ein gesundes Frühstück anbieten möchten.

Der Zufall kommt ihnen dabei zu Hilfe. Eines Tages kochen sie einen Brei aus Weizenkörnern – und vergessen ihn. Am nächsten Tag sind die Körner stark aufgequollen. Da haben die Brüder Kellogg eine Idee: Sie pressen und rösten den Brei. So entstehen die ersten Weizenflakes, knusprig – und von den Patienten geliebt. Weil viele die Flakes auch zu Hause essen möchten, gründen die beiden eine Firma. Nach einiger Zeit ändert William das Rezept: Er macht Flakes aus Mais und fügt darüber hinaus noch Zucker hinzu. Das gefällt seinem Bruder gar nicht! Die beiden zerstreiten sich, und William gründet im Alleingang eine neue Firma. „Kellogg Company" wird schnell zu einem riesigen Unternehmen – und William wird ein sehr reicher Mann.

INFO

ERFINDER:
John Harvey Kellogg
William Keith Kellogg

BERUF:
Ärzte

GEBOREN :
26.02.1852
07.04.1860
Michigan, USA

GESTORBEN:
14.12.1943
06.10.1951
Battle Creek,
Michigan, USA

lecker

Süß und fruchtig soll es sein? Aber nicht einfach eine Tüte Fruchtgummis?
Da müsste sich doch etwas erfinden lassen!

Wenn im Garten gerade Himbeeren, Stachelbeeren oder Erdbeeren reif sind, kannst du diese Früchte für deine eigene Fruchtwürfel-Kreation verwenden. Probiere es doch mal aus. Ein Rezept findest du auf Seite 238.

BRUNCH + Dinner = BRINNER-TIME

 ## Hast du Geschmack?

Ob süß-sauer, salzig-süß oder bitter-scharf, es gibt beim Essen bestimmt Kombinationen, bei denen dir das Wasser im Mund zusammenläuft. Außergewöhnliche Kreationen, die auf den ersten Blick seltsam erscheinen, schmecken hervorragend: Erdbeereis mit Pfeffer, Schokolade mit Speck oder Käsebrot mit Marmelade.

Gegensätze ziehen sich an – das gilt oft auch beim Essen. Probiere es doch einfach aus! Das ist alles andere als geschmacklos …

Mama und Papa sind ausgeflogen, und ich bin sooo hungrig! Ich habe Appetit auf ALLES! Süß, sauer, salzig, deftig, scharf, cremig, knackig, saftig, kross ... Aber es muss schnell gehen, denn Tina wartet, und der Bus fährt in einer halben Stunde!

SALZIG +

WIE KÖNNTE DEIN
ALL-IN-ONE-SANDWICH
AUSSEHEN?

WERDE SELBST ZUM ERFINDER!

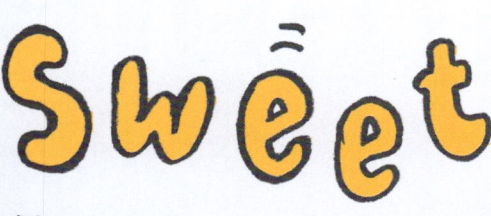

Sweet +

TOAST+BUTTER+MARMELADE+ SALAT+KÄSE+PFEFFER+ FRISCHKÄSE+ERDBEEREN?

WIE? ALLES ZUSAMMEN?

HIER IST PLATZ FÜR DEINE IDEEN!

Wer hat eigentlich all die Speisen erfunden, die ich so mag?

„SANDWICH

Jeder kennt diesen leckeren Imbiss:

zwei dünne Brot- oder Toastscheiben, dazwischen Fleisch, Wurst, Käse und Gemüse oder auch Haselnusscreme und Marmelade. Ganz egal, es gibt das Sandwich in unzähligen köstlichen Varianten.

==Aber hast du gewusst, dass Sandwich eigentlich der Name von *John Montagu (sprich Tschon Montegju), dem 4. Earl of Sandwich* ist?== Er lebte im 18. Jahrhundert und war britischer Diplomat, Politiker und Marineminister. Als Politiker war er sehr unbeliebt. Trotzdem sind die Sandwich-Inseln im Südatlantik nach ihm (und nicht etwa nach dem leckeren Snack) benannt.

Aber Montagu war noch etwas anderes: leidenschaftlicher Kartenspieler. Es wird überliefert, dass er oft 24 Stunden am Stück spielte und das Spiel selbst zum Essen nicht unterbrechen wollte. Was hätte sich dafür besser geeignet als ein Sandwich? Jedoch ist diese Geschichte wohl eher eine Legende. Tatsache ist aber, dass Fleisch zwischen gerösteten Weißbrotscheiben in London zu dieser Zeit sehr beliebt wurde. Bis heute ist das Sandwich weltweit ein praktischer und gefragter Snack für zwischendurch.

INFO

ERFINDER:
John Montagu,
Earl of Sandwich

BERUF:
Diplomat, Politiker,
Marineminister

GEBOREN:
03.11.1718
England

GESTORBEN:
30.04.1792
Chiswick, England

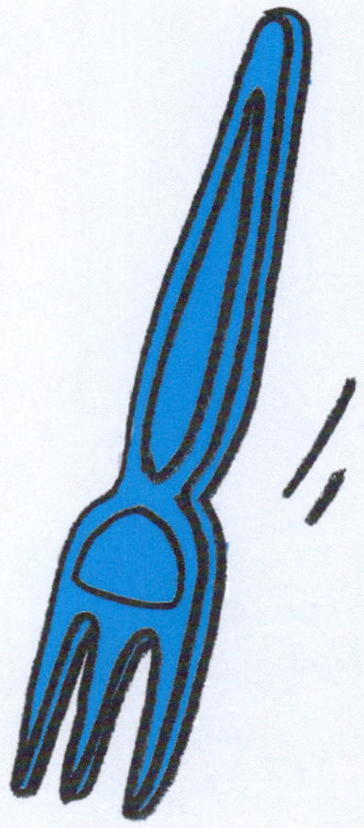

CURRYWURST

Die Currywurst ist vor allem in Deutschland sehr beliebt, in Österreich und anderen Ländern ist sie eher unbekannt oder etwas abgewandelt erhältlich.

Vor nicht ganz 70 Jahren ...

Nach dem Zweiten Weltkrieg möchte der Feinmechaniker *Kurt Heuwer* die Essgewohnheiten der Amerikaner, die Steak und vor allem Ketchup lieben, auch in Berlin bekannt machen. Doch die eigentliche Erfinderin der Currywurst ist seine Frau *Herta*. Sie führt eine Imbiss-Bude und hat 1949 die Idee, eine GANZ besondere Soße zu kreieren (denn Soßen mögen ihre Kunden). Sie mischt Tomatenmark, Curry, Chili und noch weitere Zutaten und experimentiert damit. Die Soße kommt gut an. Die Erfinderin nennt sie „Chillup" (eine Mischung der Wörter Chili und Ketchup) und lässt sich den Namen schützen. Ihr Spezialrezept hütet sie fortan wie ihren Augapfel, nicht einmal ihrer Familie soll sie es verraten haben.

Bis zu ihrem Ruhestand verkauft Herta Heuwer unzählige Würste, die sie in mundgerechte Bissen schneidet und mit der kräftigen roten Currysoße übergießt. Chill up!

INFO

ERFINDER:
Herta Heuwer

BERUF:
Imbissbudenbesitzerin

GEBOREN:
30.06.1913
Königsberg, Deutschland

GESTORBEN:
03.07.1999
Berlin, Deutschland

 Wenn es die Currywurst nicht gäbe, müsste man sie erfinden!

PIZZA

Ob mit Salami, Schinken, Gemüse oder Ananas – fast alle lieben die großen, dünn ausgerollten Teigfladen mit Belag!

Fladenbrote oder deren Varianten gibt es schon sehr lange, und sie werden in vielen Teilen der Welt gegessen. Es gibt Pita oder Lahmacun im türkischen und arabischen Raum, Focaccia in Italien und Flammkuchen in Frankreich.

Vor ungefähr 250 Jahren ...

wurden in Süditalien die ersten Pizzen aus Hefeteig hergestellt, mit Tomaten belegt und mit Olivenöl und Gewürzen verfeinert. Lustigerweise wurde die Pizza vor 120 Jahren durch ausgewanderte Italiener zunächst in Amerika berühmt und beliebt, erst später dann in Europa. Ihren Siegeszug durch Europa trat sie erst nach dem Zweiten Weltkrieg an, also vor 70 Jahren. Heute ist sie von unserem Speiseplan nicht mehr wegzudenken. Das Geheimnis der perfekten Pizza liegt in der hohen Backtemperatur: Eine Pizza gelingt vor allem dann, wenn sie bei großer Hitze, nämlich bei 400 bis 500 °C, kurz im Ofen gebacken wird.

Der Backofen zu Hause schafft das leider nicht.

INFO

ERFINDER:
weiß niemand

ERFUNDEN:
vor ca. 250 Jahren
in Süditalien

NUDELN

Sind Spaghetti und Nudeln eine italienische Erfindung?

Darüber haben sich Italiener und Chinesen lange gestritten – denn beide Länder sahen sich als deren Erfinder. Doch als man vor etwas mehr als zehn Jahren in China einen 4000 Jahre alten Topf mit langen Nudeln fand, war der Beweis erbracht, dass es die Chinesen waren.

Aber wer weiß, vielleicht werden irgendwann in Italien noch ältere Nudeln bei Ausgrabungen entdeckt, und der Streit geht wieder von vorne los.

Viele Menschen glauben auch, der italienische Entdecker Marco Polo habe die Spaghetti von seinen Reisen aus China mit nach Italien gebracht. Das ist ebenfalls nicht ganz richtig, denn schon lange vor seiner Zeit wurden in Griechenland und Italien Geräte zum Herstellen von Nudeln verwendet. Aber er hat vermutlich einige neue Nudelsorten mitgebracht. Das italienische Wort „Spaghetti" heißt übersetzt „Faden", und so sehen die Nudeln ja auch tatsächlich aus.

Die ältesten in China gefundenen Nudeln waren übrigens ziemlich lang, nämlich einen halben Meter!

INFO

ERFINDER:

Chinesen

ERFUNDEN:

vor ca. 4000 Jahren

119

SPAGHETTIGABEL

Ob eine Erfindung als sinnvoll, lustig oder überflüssig bewertet wird, hängt immer vom Betrachter ab. Viele Erfindungen sind weder zwingend notwendig, noch erleichtern sie unseren Alltag oder die Arbeit. Dennoch werden sie verkauft und erfreuen die Menschen. Manchmal sind das Dinge, die gerade modern sind. Wie zum Beispiel die Handyschlaufe, die auf der Rückseite des Telefons befestigt wird, damit man gewisse Apps bedienen kann, ohne dass das Handy zu Boden fällt. Andere Erfindungen mögen wir, weil sie einfach witzig sind. Zum Beispiel die App mit der Luftpolsterfolie, mit der man digital unzählige Luftpolster zerplatzen lassen kann.

Zu diesen Erfindungen gehört auch die Spaghettigabel. Wir alle könnten unsere Spaghetti auch ohne ihre Hilfe essen, aber mit dieser Gabel macht es einfach mehr Spaß!

Außerdem können so auch schon kleine Kinder die langen Nudeln aufwickeln, denn das erleichtert diese Gabel sehr.

Und vielleicht bleibt dadurch ja sogar das Tischtuch sauber.

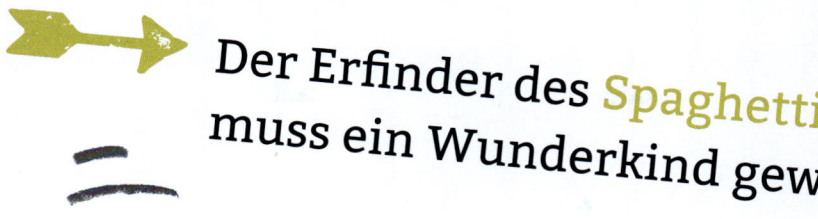

Der Erfinder des Spaghettieises muss ein Wunderkind gewesen sein!

SPAGHETTIEIS

INFO

ERFINDER:
Dario Fontanella

BERUF:
Speiseeishersteller

GEBOREN:
07.01.1952
Mannheim, Deutschland

GESTORBEN:
lebt noch

Vor fast 50 Jahren ...

Dario Fontanella wächst bei seiner Tante in Italien auf, seine Eltern haben eine Eisdiele in Deutschland. Als er sie eines Tages in den Ferien besucht, möchte er mit Eiscreme die Flagge Italiens darstellen. Für die Farben Grün, Weiß und Rot nimmt er Pistazieneis, Zitroneneis und Erdbeereis. Alle drei Eissorten presst er durch eine Spätzlepresse. Das gepresste Eis sieht nun aus wie italienische Spaghetti! Doch seinen Vater stimmt der süße Versuch eher skeptisch. Er meint nur: „Ich habe noch nie bunte Spaghetti gesehen."

Aber er macht seinem Sohn Dario einen Vorschlag. Er möge für sein Experiment doch Vanilleeis nehmen, das eine ähnliche Farbe wie Spaghetti hat. Und siehe da – durch die gekühlte Spätzlepresse gedrückt, sieht Vanilleeis den langen Nudeln zum Verwechseln ähnlich. Nun werden noch pürierte Erdbeeren (anstelle von Tomatensauce) über die „Spaghetti" gegossen und noch etwas geraspelte weiße Schokolade (statt Parmesan) darübergestreut – fertig ist das Spaghettieis! Mmh, eine süße Erfindung!

Du hast Bärenhunger? Kannst dich zwischen den vielen Lebensmitteln im Kühlschrank aber nicht entscheiden? Wie wäre es mit einem 3-Gänge-Menü-Sandwich?

Probiere es aus, du wirst sehen, das schmeckt! Wenn du Anregungen brauchst, schaue auf Seite 240 nach. Dort zeigen wir dir, wie's geht.

Schon immer wollten die Menschen ihre Umgebung erkunden und die Welt entdecken.

Was befindet sich jenseits des Meeres? Welchen Blick geben die Berge frei, wenn man sie bezwungen hat? Wohin fließen Bäche und Flüsse?

Die Suche nach Nahrung, fruchtbaren Böden und neuen Lebensräumen trieb die Menschen an – und neugierig waren sie wohl auch. Im Laufe der Zeit wurde es durch die Erfindung von Schiffen, Eisenbahnen, Autos und Flugzeugen immer einfacher, sich von A nach B zu bewegen. Kurze Strecken lassen sich natürlich nach wie vor am einfachsten zu Fuß zurücklegen.

→ Aber was machst du, wenn du mal nicht einen Fuß vor den anderen setzen kannst?

AUF EINEM BEIN HÜPFEN?
Strengt zu sehr an.

AUF DEN HÄNDEN LAUFEN?
Oje!

AUF DEM HOSENBODEN RUTSCHEN?
...

HIER IST PLATZ FÜR DEINE IDEEN.

HAST DU SCHON EINMAL
EIN TRANSPORTMITTEL ERFUNDEN?

WIE KÖNNTE DAS AUSSEHEN?
WERDE SELBST ZUM ERFINDER!

KEINE PEDALE
LAUFRAD

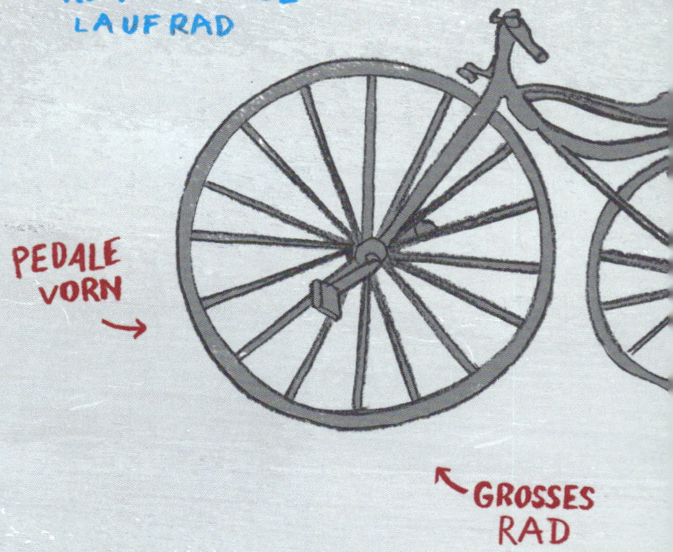

PEDALE
VORN

GROSSES
RAD

→ Wer hat eigentlich all das erfunden,
was fährt, fliegt und schwimmt?

FAHRRAD

Das Rad neu erfinden! Kennst du diese Redewendung? Damit meint man, dass man etwas, das es schon gibt, noch besser machen möchte. Und das Rad wurde tatsächlich immer wieder neu erfunden ...

Man weiß, dass es schon vor ungefähr 5000 Jahren Räder gab; man weiß aber nicht sicher, wo das Rad erfunden wurde. Man glaubt, dass die Menschen zunächst Scheiben von Baumstämmen als Räder nutzten. Später entwickelten sie das Rad weiter, es wurde runder, leichter und bekam irgendwann Speichen. Heute sind Räder kaum mehr aus unserem Alltag wegzudenken! Man findet sie fast überall: an Autos, in Uhrwerken und natürlich am Fahrrad! Aber wer hat das Fahrrad erfunden?

Vor ungefähr 200 Jahren ...

Am anderen Ende der Welt, in Indonesien, bricht ein riesiger Vulkan aus. Dieses Naturereignis führt dazu, dass sich das Klima auf der ganzen Welt verändert: Es wird richtig kalt und es fällt sogar Schnee – mitten im Sommer! Der Hafer, die wichtigste Nahrung für Pferde, wächst kaum noch, daher steigt der Haferpreis rapide. Pferde sind die einzige Möglichkeit, sich schnell fortzubewegen, doch sie haben wenig zu fressen.

Karl Drais lebt in Deutschland, genauer gesagt in Mannheim. Er liebt es, sich rasch fortzubewegen, und das müsste doch auch ohne Pferde möglich sein? Also erfindet er das allererste Fahrrad. Aus Holz baut er ein Gestell, Lenker und auch zwei Räder. Eine Fahrradkette oder Pedale hat das erste Fahrrad der Welt noch nicht. Karl Drais stößt sich einfach mit seinen Füßen ab und saust dahin.

Weil es so aussieht, als ob man laufen würde, wird dieses Fahrrad ganz einfach Laufrad genannt. Um aber auch seinen Erfinder zu würdigen, gibt man dem Rad noch einen anderen Namen: Draisine.

Und wie ging es mit der Entwicklung des Fahrrads weiter?

Erst 50 Jahre später wurde das Laufrad in Frankreich verbessert. Das Velociped (übersetzt heißt das „auf schnellen Füßen") wurde mit einer Tretkurbel ausgestattet, dadurch konnte man gleich viel schneller fahren. Damals wurden die Pedale noch direkt am Vorderrad angebracht. Wenn man ein Mal in die Pedale trat, drehte sich das Rad genau ein Mal im Kreis. Mit einem großen Rad kam man also viel weiter als mit einem kleinen und war auch viel schneller unterwegs!

Später wurden die Räder wieder kleiner, und die Fahrradkette wurde erfunden. Pedale und Lenkung wurden voneinander getrennt, so lief das Rad wesentlich stabiler. Die Erfindung der Fahrradkette war so genial, dass es heute fast kein Fahrrad mehr ohne sie gibt.

INFO

ERFINDER:
Karl Drais;
Karl Friedrich Christian
Ludwig Freiherr Drais
von Sauerbronn

BERUF:
Forstbeamter
und Erfinder

GEBOREN:
29.04.1785
Karlsruhe, Deutschland

GESTORBEN:
10.12.1851
Karlsruhe, Deutschland

AUTO

Schon vor langer Zeit haben sich Menschen den Kopf darüber zer-brochen, wie ein pferdeloser Wagen angetrieben werden könnte. Es gab sogar einen Wettstreit, wem dies als Erstes gelänge. Und wie das bei einem Wettstreit so ist, behaupteten manche Erfin-der, andere hätten ihre Ideen geklaut. Ohne *Nikolaus August Otto*, *Gottlieb Daimler* und andere Männer wäre das Auto heute nicht das, was es ist. Und dann gab es da auch noch *Carl Benz* – und natürlich seine Frau *Bertha*!

Vor ungefähr 130 Jahren ...

Der Ingenieur Carl Benz hat eine Vision: Er möchte, dass nicht nur die reichen Leute, die viele Pferde besitzen, reisen können. Vielen Menschen ist es zwar bereits möglich, mit der Eisenbahn zu fah-ren, doch nur dorthin, wo auch Schienen verlegt sind – logisch! Dem Erfinder schwebt ein motorisiertes Fahrzeug mit Rädern vor, mit dem man überallhin fahren kann. Carl Benz möchte die Welt verändern, doch viele Leute halten das für ein lächerliches Hirnge-spinst und nennen ihn einen weltfremden Träumer und Spinner.

Benz tüftelt an einem Fahrzeug. Als er seine Erfindung auspro-biert, gelingt es ihm, mit etwas mehr als 10 Kilometern pro Stunde zu fahren (heute fährt man auf der Autobahn mehr als zehnmal so schnell). Doch sein Wagen bleibt immer wieder stehen, und die

INFO

ERFINDER:
Nikolaus August Otto
Gottlieb Daimler,
geb. als Gottlieb Däumler
Carl Benz,
geb. als Karl Friedrich
Michael Vaillant
Bertha Benz

BERUF:
gelernter Kaufmann
Ingenieur und
Industrieller
Ingenieur und Fabrikant
Automobil-Pionierin

GEBOREN:
10.06.1832, Deutschland
17.03.1834, Deutschland
25.11.1844, Deutschland
03.05.1849, Deutschland

GESTORBEN:
26.01.1891, Deutschland
06.03.1900, Deutschland
04.04.1929, Deutschland
05.05.1944, Deutschland

Leute machen sich über Carl Benz lustig. Sie fragen ihn, wozu man ein so lautes Fahrzeug brauche, wenn es immer wieder stehen bleibe anstatt zu fahren. Viele beschweren sich über den ohrenbetäubenden Lärm, manche denken sogar, in dem Wagen stecke ein Ungeheuer. Fremdes macht den Menschen Angst! So ist das eben mit neuen Erfindungen!

Obwohl der Erfinder immer wieder große Geldsorgen hat, gibt er nicht auf, sondern tüftelt und tüftelt. Ein pferdeloser Wagen braucht einen Motor. Aber man kann ihn nicht einfach in eine Kutsche einbauen. Alles muss zusammenpassen und aufeinander abgestimmt sein. Benz tüftelt auch an der Kühlung des Motors und testet verschiedene Treibstoffe. Seine Frau unterstützt ihn dabei und ermutigt ihn nach Kräften. Carl jedoch zweifelt, ob er mit seiner Erfindung jemals weite Strecken zurücklegen kann. Da hat seine Frau die Nase voll – und schmiedet einen Plan!

Mit ihren Söhnen Eugen und Richard schleicht sie sich nachts aus dem Haus, nimmt den motorisierten Wagen und fährt ihre Eltern besuchen. Sie ist sich sicher, dass der Wagen die weite Strecke von 100 Kilometern zurücklegen wird. Und sie will ihrem Mann beweisen, dass seine Erfindung funktioniert! Auf der Fahrt von Mannheim nach Pforzheim kommt es leider zu ein paar Autopannen, doch die beherzte Frau und ihre klugen Söhne wissen sich zu helfen. Sie füllen das Kühlwasser nach, reparieren das Zündkabel, reinigen die Benzinleitung mit einer Hutnadel und kaufen in einer Apotheke Fleckenentferner ein, den sie als Treibstoff verwenden. In Pforzheim angekommen, schreibt Bertha ihrem Mann ein Telegramm. Carl ist sprachlos. Er verbessert seine Erfindung noch ein wenig und meldet sie zum Patent an. Wie lange er wohl noch getüftelt hätte, wenn seine Frau nicht gewesen wäre?

Not macht erfinderisch!

INFO

ERFINDER:

Mary Anderson

BERUF:

Bauunternehmerin, Farmerin, Winzerin und Erfinderin

GEBOREN:

19.02.1866

Green County, Alabama, USA

GESTORBEN:

27.06.1953

Monteagle, Tennessee, USA

SCHEIBENWISCHER

Vor über 110 Jahren
Mary Anderson (sprich: Meri Endersn) sieht, dass alle, die im Winter mit dem Auto fahren, stehen bleiben müssen, damit sie den Schnee von der Scheibe wischen können.

Das ist aber unpraktisch! Es muss doch möglich sein, dass man im Auto sitzen bleiben kann und trotzdem außen über die Scheibe gewischt wird.

Ich muss tüfteln und einen Scheibenwischer erfinden! Neben dem Lenkrad müsste ein Hebel sein, der einen Wischer auf der Scheibe außen bewegt.

So könnte es klappen!

Und wenn ich es geschafft habe, beantrage ich das Patent!

WASSERFAHRZEUG

Wer hatte wohl als Erster die Idee, sich auf dem Wasser fortzubewegen?

Das weiß man heute nicht mehr …

Das älteste Fortbewegungsmittel auf dem Wasser war der Einbaum. Ein Einbaum wurde schon vor 10 000 Jahren aus EINem BAUM gemacht! Logisch, oder? Danach wurde das Floß erfunden, es wurde aus schwimmenden Materialien gebaut. Lange Stangen halfen beim Abstoßen und Lenken.

Ruderboote wurden schon vor 3100 Jahren erfunden. Um zu rudern, braucht man starke Muskeln! Wer es gemütlicher mag, nimmt ein Segelboot und nutzt die Kraft des Windes. Segelboote wurden übrigens in Ägypten erfunden – vor über 5500 Jahren.

Die Erfindung des Dampfschiffs ist über 230 Jahre her, es wurde mit einer Dampfmaschine angetrieben. Bald nachdem Motoren erfunden wurden, gab es auch Boote mit Motoren. Das U-Boot wurde vor 400 Jahren erfunden, es bewegt sich auf dem Wasser, kann aber auch sehr tief tauchen.

In Tretbooten wird beim Treten ein Schaufelrad angetrieben, daher sind Beinmuskeln und Ausdauer notwendig.

FLUGGERÄTE

Der Traum vom Fliegen

Menschen träumen schon lange vom Fliegen. Die Erfindung des Flugzeugs erleichtert das Reisen um die ganze Welt. Vielleicht erfindet bald jemand ein Luftfahrzeug, mit dem man umweltfreundlich reisen kann. Vielleicht du?

Man erzählt es sich nur!

Ikarus und sein Vater Dädalus versuchen, mit Flügeln aus Vogelfedern und Wachs zu fliegen. Doch als Ikarus der Sonne zu nah kommt, schmilzt das Wachs, und er stürzt ins Meer.

INFO

ERFINDER:

Leonardo da Vinci

Joseph Michel Montgolfier

Jacques Étienne Montgolfier

BERUF:

Maler, Bildhauer, Architekt, Anatom, Mechaniker, Ingenieur und Naturphilosoph

Papierfabrikbesitzer

Vor über 500 Jahren

Leonardo da Vinci (sprich: Wintschi) erfindet die Luftschraube, die in die Luft steigt, wenn sie gedreht wird. Leonardo da Vinci probiert seine Erfindung nicht aus, doch er hat recht – heute funktionieren Hubschrauber so ähnlich.

Vor über 250 Jahren

Daniel Bernoulli findet heraus, dass schnell strömende Luft einen Unterdruck erzeugt. Daher sind Flugzeugflügel oben stark gewölbt und unten fast flach. Bewegt sich der Flügel durch die Luft, strömt die Luft auf der Oberseite schneller um den Flügel als auf der Unterseite. Dadurch entsteht also ein Unterdruck, der das Flugzeug sozusagen ansaugt – es steigt auf. Heute weiß man, dass nicht nur Bernoullis Entdeckung das Fliegen ermöglicht.

Vor über 230 Jahren

Die Brüder Montgolfier (sprich: Mongolfje) entdecken, dass heiße Luft leichter ist als kalte Luft und daher ein Heißluftballon in den Himmel steigt.

Vor über 120 Jahren

Otto Lilienthal hat die Idee, wie Vögel zu fliegen und baut den ersten Hängegleiter der Welt. Er läuft mit Flügeln einen Hügel hinunter und gleitet durch die Luft. Leider stürzt er ab und stirbt.

Vor über 110 Jahren

Ferdinand Graf von Zeppelin erfindet das Luftschiff und gibt ihm seinen Namen: Zeppelin. Ein Zeppelin ist mit einem Gas gefüllt, das leichter als Luft ist und daher aufsteigt, und wird von Propellern mit Motoren angetrieben.

Vor über 110 Jahren

Die Brüder Wright (sprich: Reit) knattern auf dem Bauch liegend mit dem ersten lenkbaren Flugzeug mit Motor durch die Luft – allerdings nur 12 Sekunden lang und 37 Meter weit.

INFO

ERFINDER:
Otto Lilienthal
Wilbur Wright
Orville Wright
Ferdinand Graf von Zeppelin
Daniel Bernoulli

BERUF:
Luftfahrtpionier und Erfinder
Druckereibesitzer, Reporter, Fahrrad-Reparaturwerkstatt-besitzer, Mechaniker, Papierfabrikbesitzer
General, Luftschiffkonstrukteur
Mathematiker, Physiker

INFO

ERFINDER:
Elisha Graves Otis

BERUF:
Mechaniker

GEBOREN:
03.08.1811
Halifax, Vermont, USA

GESTORBEN:
08.04.1861

AUFZUG

Hoch, höher, am höchsten! Schon immer wollten die Menschen an den Wolken kratzen, doch die ersten Wolkenkratzer konnten erst gebaut werden, als es eine wichtige Erfindung gab – den Aufzug!

Vor über 160 Jahren ...

Elisha Graves Otis (sprich: Eliescha Greyvs Outis) kennt sich mit dem Bergbau aus. Er weiß, dass unter Tage große Körbe mithilfe von Seilen auf und ab bewegt werden. Doch die Seile reißen oft, daher sind diese Aufzüge für Menschen nicht geeignet! Herr Otis tüftelt vor sich hin und hat eine Idee: Er konstruiert eine Bremse, die den Korb hält, sobald das Seil reißt. Doch niemand glaubt ihm, dass die Bremse funktioniert. Also lädt er zu einem abenteuerlichen Experiment ein: Er stellt sich selbst auf eine Platte, die an einem Seil in die Höhe gezogen wird. Als er hoch über den Köpfen der Menschen schwebt, bittet er seinen Assistenten, das Seil durchzuschneiden. Das Publikum schreit panisch auf, die Plattform wackelt – doch sie stürzt nicht ab! „Alles sicher!" ruft Otis – und geht als Erfinder des Aufzugs in die Geschichte ein.

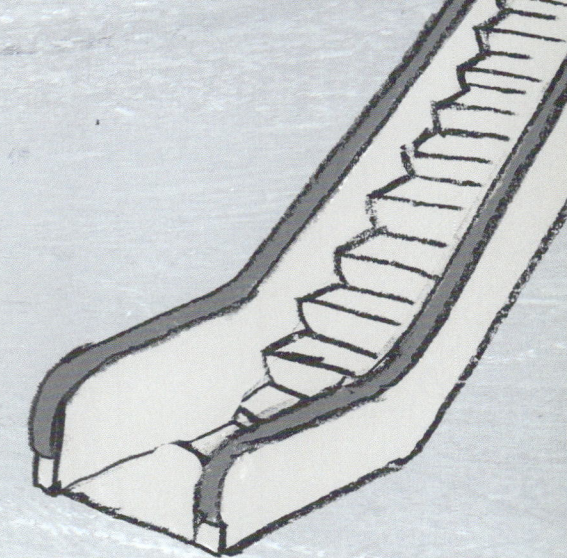

INFO

ERFINDER:
Nathan Armes

BERUF:
Ingenieur

GEBOREN:
17.11.1826
Roxbury,
New Hampshire, USA

GESTORBEN:
17.08.1865
Saugus,
Massachusetts, USA

ERFINDER:
Jesse W. Reno

BERUF:
Ingenieur

GEBOREN:
04.08.1861
Fort Leavenworth,
Kansas, USA

GESTORBEN:
02.06.1947
New York, USA

ROLLTREPPE

Treppensteigen ist anstrengend - wie komme ich gemütlicher hoch hinaus? Vielleicht sind das die Gedanken von *Nathan Armes* (sprich: Neyffen Arms), als er vor über 150 Jahren mit einer Skizze zum Patentamt geht. Er möchte seine Erfindung, eine Rolltreppe, zum Patent anmelden. Doch leider wird sein „Transportmittel für viele Menschen zugleich" nie gebaut. (Offenbar wollten damals noch nicht so viele Menschen gleichzeitig von einem Stock in den nächsten.)

30 Jahre später, vor 120 Jahren …

Jesse W. Reno (sprich: Tschessi Dablju Rino) macht eine Beobachtung: Immer mehr Menschen wohnen in großen Städten, und in Bahnhöfen und Kaufhäusern herrscht großes Gedränge. Damit diese Menschenmassen ihre Wege schneller zurücklegen können, erfindet Herr Reno ein Förderband für Personen. Es wird von einem Elektromotor angetrieben. Die Menschen können sich bequem auf das Band setzen und von unten nach oben befördern lassen. Die Erfindung von Jesse W. Reno wird patentiert, und prompt leistet sich ein berühmtes Kaufhaus in London die erste Rolltreppe. Allerdings kann man auf dieser Rolltreppe nicht sitzen, sondern muss stehen – so wie du das heute beim Rolltreppefahren auch machst.

INFO

ERFINDER:
Käthe Paulus

BERUF:
Berufsluftschifferin,
Luftakrobatin und
Erfinderin

GEBOREN:
22.12.1868
Zellhausen bei
Offenbach, Deutschland

GESTORBEN:
26.07.1935
Berlin, Deutschland

PAKETFALLSCHIRM

Käthe Paulus ist Schneiderin, Ballonfahrerin und Luftakrobatin.

Leider ist mein Mann mit dem Fallschirm abgestürzt. Damals hing der Fallschirm schon geöffnet am Ballon, das war gefährlich!

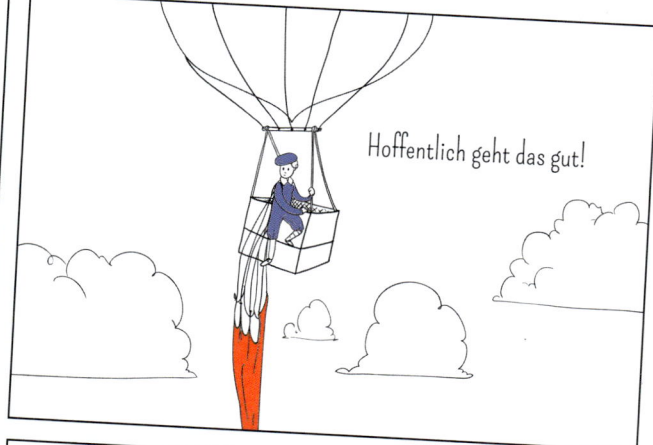

Hoffentlich geht das gut!

Ich habe eine Idee! Ich lege den Fallschirm zusammen und mache daraus ein Paket.

Jetzt ist der Fallschirm viel sicherer!

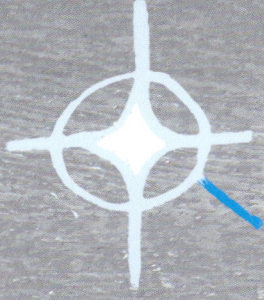

KOMPASS

Bereits vor 2500 Jahren haben chinesische Seefahrer das Meer überquert.

Doch wie fanden sie den Weg? Es gab ja keine Hinweistafeln und schon gar kein Navi. Ganz einfach, sie orientierten sich an der Sonne, denn mittags steht sie immer im Süden. Und was machten sie nachts? Da half ihnen der Polarstern, er leuchtet immer im Norden. Aber wie fanden sie den Weg, wenn dichte Wolken am Tag die Sonne und in der Nacht den Polarstern verdeckten? Dafür musste erst einmal eine richtig gute Idee her!

Und tatsächlich, irgendwann hatte jemand den Geistesblitz, von einem besonderen Stein, dem Magnetstein, kleine Splitter abzuschlagen. Diese Splitter wurden in kleine Holzstücke gesteckt. Legte man diese Holzstücke auf das Wasser, richteten sie sich nach Norden aus. Nun konnten die chinesischen Seefahrer auf den großen Meeren den Kurs halten – bei strahlendem Sonnenschein, in der dunklen Nacht und auch, wenn der Himmel bewölkt war.

INFO

ERFINDER:
Chinesen

BERUF:
Seefahrer

ERFUNDEN:
vor 2500 Jahren

WIRD IM KELLER ~~GEWER~~

UND DAS MIT VIEL SPASS

HEBEN WIR, WENN WIR NACHTS
ETWAS BRAUCHEN, EINFACH DIE HAND

ERZÄHLEN WIR VON KILLERASSELN, SEILBORGS UND DEN BLACK EYED PEAS

UND BRECHEN AB UND AN DIE REGELN ♥

Wenn du dich nicht bewegen kannst, bist du
ganz schön aufgeschmissen. Wie wäre es mit
einer Rollsesselbahn? Damit kannst du bequem
Dinge von A nach B transportieren. Versuche
doch mal, eine solche Bahn zu konstruieren.
Wenn du Hilfe brauchst, schau auf Seite 242 nach.
Dort zeigen wir dir, wie's geht.

PENICIL...
WIE?

GRUMMEL

Wie geht's dir? Deine Körpertemperatur beträgt 36,8 Grad, deine Zähne sind wahrscheinlich nach wie vor kariesfrei, und du siehst wie ein Adler – aber in deinem Bauch kribbelt es?

Woran das wohl liegt? Ist dein Frühstücksmüsli schuld? Oder der verschluckte Kaugummi? Oder liegt es an deiner neuen Mitschülerin oder deinem neuen Mitschüler? Brauchst du Tabletten, warme Wickel und Salben?

➨ Oder ist dagegen kein Kraut gewachsen?

HIIIIIILLLFE, AUA!
Mich hat eine Biene gestochen.

WAS HILFT GEGEN ...

STICHE? SCHÜRFWUNDEN?
SONNENBRAND? ZECKEN?

UND WIE KÖNNTE EINE PICKNICKDECKE
MIT INTEGRIERTER APOTHEKE AUSSEHEN?

WERDET SELBST ZU ERFINDERN!

HIER IST PLATZ FÜR IDEEN!

Wer hat denn all die Mittel und Medikamente erfunden, die uns bei Verletzungen und bei Krankheiten helfen?

RÖNTGEN

Vor 120 Jahren ...

INFO

ERFINDER:
Wilhelm Conrad Röntgen

BERUF:
Physiker

GEBOREN:
27.03.1845
Lennep, Deutschland

GESTORBEN:
10.02.1923
München, Deutschland

Der Physiker *Wilhelm Conrad Röntgen* macht ein Experiment: Er setzt Glasröhren, die mit Gas gefüllt sind, unter Strom. Und sieh an, sie leuchten! Doch er bemerkt zufällig noch etwas Sonderbares. Weiter weg liegt ein Papier, das mit einem Material bestrichen ist; dieses leuchtet normalerweise dann, wenn Lichtstrahlen darauf fallen. Im Moment fällt aber kein Licht auf das Papier, doch es leuchtet trotzdem! Wie ist das möglich? Da erkennt Röntgen, dass es offenbar andere Strahlen geben muss, die man nicht sehen kann. Nämlich die Strahlen, die er durch sein Glasröhrenexperiment verursacht hat.

Weil er nicht genau weiß, was dahinter steckt, nennt er die Strahlen X-Strahlen, denn X bezeichnet etwas Unbekanntes. Röntgen bemerkt, dass diese bisher unbekannte Strahlung durch Haut und Gewebe dringen kann, nicht aber durch Metall oder Knochen. Durch seine Entdeckung wird es also möglich, in den Körper hineinzuschauen, ohne ihn aufzuschneiden! Eine Sensation! Röntgen meldet kein Patent an, später bekommt er aber den Nobelpreis verliehen, und die Strahlen werden ihm zu Ehren Röntgen-Strahlen genannt.

Diese beiden Tüftelgenies erhielten für ihre genialen Ideen einen Nobelpreis.

PENICILLIN

Vor ungefähr 90 Jahren ...

INFO

ERFINDER:
Alexander Fleming

BERUF:
Bakteriologe

GEBOREN:
06.08.1881
Darvel, England

GESTORBEN:
11.03.1955
London, England

Der Forscher *Alexander Fleming* (sprich: Äleksender Fleming) arbeitet in seinem Labor in England. Er untersucht Bakterien, das sind winzig kleine Keime, die Krankheiten verursachen können. Um diese Bakterien zu erforschen, muss er sie zunächst in kleinen flachen Schalen züchten. Eines Tages geschieht ihm ein Missgeschick! Vielleicht hat er vergessen, sich die Hände zu waschen, denn es kommt Schmutz in die Schalen. Das sieht Fleming daran, dass sich in den Schalen Schimmelpilze bilden, du kennst sie vielleicht vom Schimmelkäse. Fleming ärgert sich. Muss er nun wieder von Neuem beginnen? Da macht er eine interessante Beobachtung. Rund um die Schimmelpilze befinden sich keine Bakterien mehr. Flemming ist verdutzt. Wie kann das sein? Und merkt plötzlich, dass er gerade etwas ganz Tolles entdeckt hat.

Aus dem Schimmelpilz entwickelt Fleming das Medikament Penicillin. Es tötet krankmachende Bakterien und wird auch Antibiotikum genannt. Mit dieser genialen Erfindung (die auf einem Missgeschick beruht) rettet Alexander Fleming vielen Menschen das Leben!

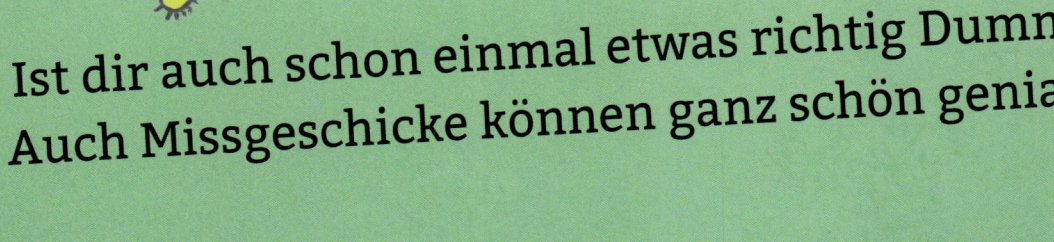

Ist dir auch schon einmal etwas richtig Dummes passiert? Auch Missgeschicke können ganz schön genial sein!

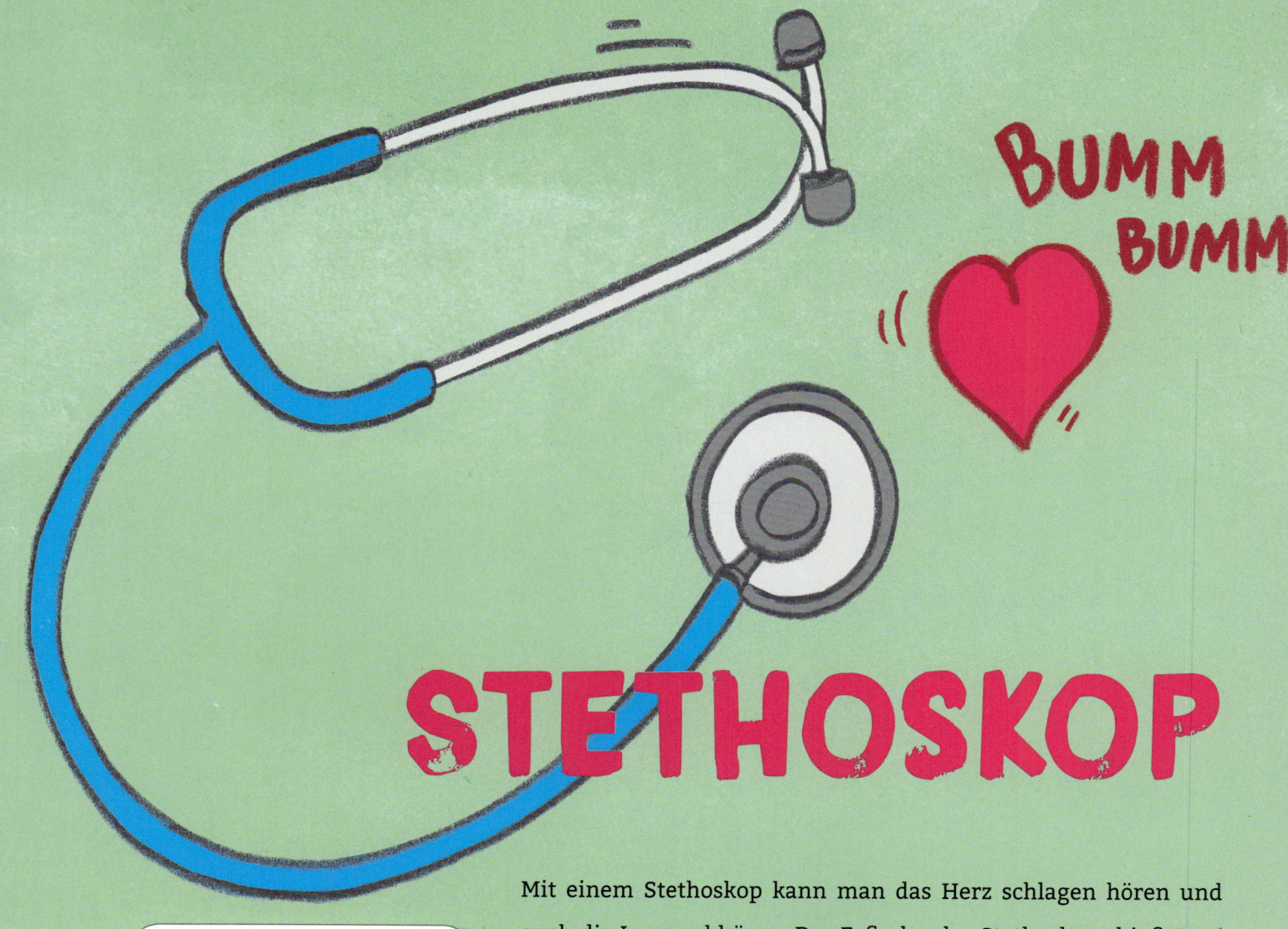

BUMM BUMM

STETHOSKOP

Mit einem Stethoskop kann man das Herz schlagen hören und auch die Lunge abhören. Der Erfinder des Stethoskops hieß *René Théophile Hyacinthe Laënnec* (sprich: Rönee Teofil Jacint Laenäk).

Vor fast 200 Jahren ...

Der Arzt René Théophile Hyacinthe Laënnec arbeitet in einem Krankenhaus in Frankreich. Damals ist es üblich, die Menschen zu untersuchen, indem man das Ohr direkt auf ihren Rücken oder ihre Brust legt, so kann man die Lunge oder das Herz abhören. Diese Methode ist jedoch nicht sehr zuverlässig, weil man mit dem bloßen Ohr nicht alles hören kann (und vielleicht ist Herr Laënnec auch ein bisschen schüchtern). Da hat der Arzt eine Idee. Er nimmt eine Rolle aus Papier und verwendet sie als Hörrohr. Er bemerkt, dass er so die Geräusche und Töne in Lunge und Herz viel besser hören kann. Von dieser simplen Methode überrascht, entwickelt er ein Hörrohr aus Holz. Daraus wird dann später das Stethoskop, so wie du es heute kennst.

INFO

ERFINDER:
René Théophile
Hyacinthe Laënnec

BERUF:
Arzt

GEBOREN:
17.02.1781
Quimper, Frankreich

GESTORBEN:
13.08.1826
Kerlouarnec, Frankreich

FIEBERTHERMOMETER

Schon vor 150 Jahren wusste man, dass die Körpertemperatur viel über die Gesundheit verrät. Fieberthermometer waren damals 30 Zentimeter lang und zeigten erst nach 20 Minuten ein Ergebnis. „Da muss es doch eine andere Lösung geben!", dachte sich wohl der englische Arzt *Thomas Clifford Allbutt* (sprich: Thomas Clifferd Ällbat), denn er tüftelte weiter. Und mit Erfolg! Sein neu erfundenes Fieberthermometer zeigte die Temperatur viel schneller an und war auch kleiner und genauer, sodass man es in die Achselhöhle stecken konnte (und nicht mehr in den Popo einführen musste).

Übrigens: Ein gesunder Körper hat eine Temperatur von 37 Grad Celsius – ungefähr, denn das ist nicht bei allen Menschen gleich. Die Temperaturmessung Celsius ist nach ihrem Erfinder benannt, dem Schweden *Anders Celsius* (sprich: Andesch Celsiös). Er legte fest, dass Wasser bei 0 Grad gefriert und bei 100 Grad zu kochen beginnt. Daniel Fahrenheit legte eine Temperaturmessung fest, die vor allem in den USA verbreitet ist. Misst du dort Fieber, kann das Thermometer schon mal 100 Grad anzeigen.

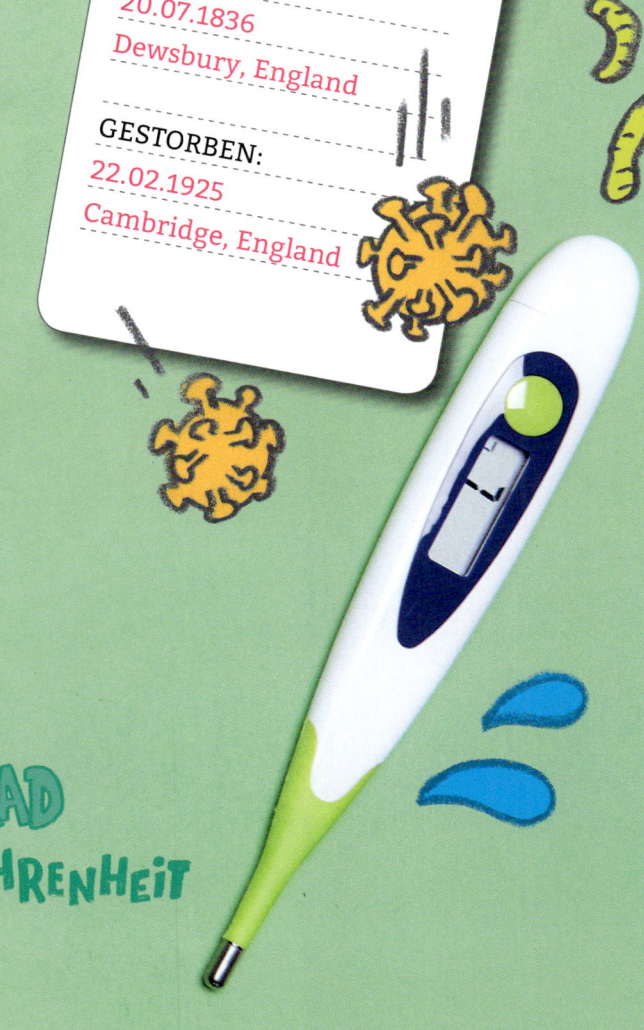

INFO

ERFINDER:
Thomas Clifford Allbutt

BERUF:
Arzt

GEBOREN:
20.07.1836
Dewsbury, England

GESTORBEN:
22.02.1925
Cambridge, England

37 GRAD CELSIUS = 98,6 GRAD FAHRENHEIT

INFO

ERFINDER:
Roger Bacon

BERUF:
Mönch

GEBOREN:
um 1200
Somerset, England

GESTORBEN:
um 1292
Oxford, England

BRILLE

Vor nicht ganz 800 Jahren in England!

Der Mönch Roger Bacon (sprich: Rotscha Bekn) liest in einem Buch des Arabers Abu Ali Al Hasan ibn al-Heithem (sprich: Abu Ali Al Husin Bin Al Haissin), was er über Lupen herausgefunden hat.

Wir schleifen durchsichtige Kristalle zu Halbkugeln!

Er legt eine gläserne Halbkugel auf ein beschriebenes Blatt, die Schrift erscheint größer. Aber warum? Die gläserne Halbkugel wirkt wie eine Linse, und die Lichtstrahlen werden darin gesammelt.

Übrigens: Der Kristall heißt Berylle (sprich: Berille), klingt ähnlich wie Brille!

Sehr gut, die Schrift erscheint nun größer! Das ist praktisch, denn manche Menschen brauchen Hilfe, um lesen zu können.

Vor ungefähr 800 Jahren

Lesestein
- 1. Lesehilfe
- mit der ebenen Fläche auf den Text gelegt
- Buchstaben nun viel größer sichtbar
- alte Mönche, die bereits schlecht sehen konnten, konnten wieder lesen
- aus Bergkristall oder Halbedelsteinen (= Berylle) gemacht

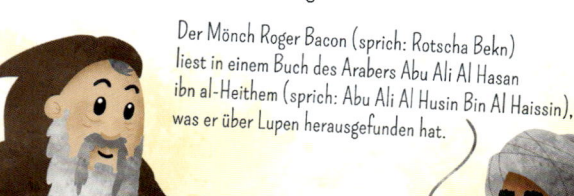

Aus dem Lesestein entwickelt sich die erste Brille.

Vor ungefähr 700 Jahren

Nietbrille
- Linsen: kleiner und flach geschliffen
- Gestell aus Eisen oder Holz und genietet (daher der Name!)
- Lesen ist leichter – Linse ist nicht am Text, sondern nahe beim Auge
- muss mit der Hand festgehalten werden
- nur für reiche und gelehrte Menschen

Vor ungefähr 600 Jahren

Bügelbrille
- zwei Gläser mit Bügel oder Bogen verbunden
- Bogen aus Leder, Holz, Eisen oder Knochen

Vor ungefähr 500 Jahren

Mützenbrille
- Linsen an Mütze oder Kappe befestigt
- Material: Eisen

Vor ungefähr 500 Jahren

Stirnreifenbrille
- Reifen aus Metall um den Kopf
- Linsen hängen am Reifen

Vor ungefähr 500 Jahren

Zwicker
- zwei Gläser, biegsamer Steg
- auf die Nase geklemmt
- klemmen = zwicken (daher der Name!)
- drückt auf der Nase (unangenehm!)
- fällt leicht runter

Vor ungefähr 400 Jahren

Fadenbrille
- mit Fäden an den Ohren befestigt
- Hände waren frei
- guter Halt (fällt nicht runter)
- drückt nicht auf der Nase

Vor ungefähr 400 Jahren

Scherenbrille
- sieht aus wie eine Schere
- mit Griff vor das Auge gehalten
- kann zusammengeklappt werden
- mit einer Kette um den Hals getragen (so geht sie nicht verloren)

Vor ungefähr 200 Jahren

Monokel
- gab es auch schon früher
- mono heißt eins, Monokel = Einglas (hat ja nur ein Glas!)
- zwischen Wange und Augenbraue eingeklemmt (das ist anstrengend!)
- in der Westentasche aufbewahrt

Vor ungefähr 150 Jahren

Ohrenbrille
- sieht ähnlich aus wie eine Brille heute

Wie sieht wohl die Brille der Zukunft aus?

Gibt es verschiedene Brillen?

Brillen für weitsichtige Menschen! Weitsichtige Menschen erkennen weit entfernte Objekte gut, aber nahe Objekte erscheinen unscharf. Ein nahes Objekt erscheint bei weitsichtigen Menschen nicht genau auf der Netzhaut, sondern hinter der Netzhaut – daher ist es unscharf. Mithilfe einer Sammellinse als Brille, wird das Bild genau auf die Netzhaut gebracht – es ist scharf.

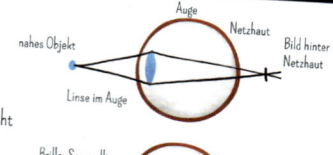

Auge
nahes Objekt
Netzhaut
Bild hinter Netzhaut
Linse im Auge
Brille: Sammellinse

Brillen für kurzsichtige Menschen! Kurzsichtige Menschen erkennen nahe Objekte gut, aber weit entfernte Objekte erscheinen unscharf. Ein entferntes Objekte erscheint bei kurzsichtigen Menschen nicht genau auf der Netzhaut, sondern davor – daher ist es unscharf. Mithilfe einer Zerstreuungslinse als Brille wird das Bild genau auf die Netzhaut gebracht – es ist scharf.

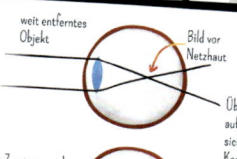

weit entferntes Objekt
Bild vor Netzhaut
Brille: Zerstreuungslinse

Übrigens: Wer sich keine Brille auf die Nase setzen möchte, kann sich Kontaktlinsen ins Auge setzen. Kontaktlinsen funktionieren so ähnlich wie Brillen.

COCHLEA-IMPLANTAT

TRÖT

Wo gibt es im menschlichen Körper eine Schnecke?

Richtig – im Ohr. Die Gehörschnecke wird auch Cochlea genannt.

Flüssigkeit und feine Härchen in der Schnecke reagieren auf Schallwellen (Geräusche, Töne, Lärm). Einfach gesagt: Das Ohr empfängt Schallwellen und schickt Impulse an das Gehirn weiter. Dieses weiß dann: Aha, das ist das Hupen eines Autos.

Es gibt Menschen, deren Hörnerv nicht funktioniert. Sie können daher schlecht oder gar nicht hören. Das österreichische *Ehepaar Hochmair* entwickelte ein Übertragungssystem, das es gehörlosen Menschen ermöglicht, wieder zu hören. Das Cochlea-Implantat besteht aus einem äußeren und einem inneren Teil. Der äußere Teil befindet sich hinter dem Ohr, der innere Teil wird während einer Operation in den Schädelknochen eingebettet. Der äußere Teil überträgt dann die Signale nach innen. Die Elektroden im Innenteil reizen den Hörnerv. So können Menschen wieder hören. Sie brauchen dafür zu Beginn ein spezielles Training, denn die Geräusche klingen mit einem Cochlea-Implantat anders.

INFO

ERFINDER:
Ingeborg Hochmair-Desoyer
Erwin Hochmair

BERUF:
Elektroingenieurin
Elektroingenieur

GEBOREN:
1953, Wien
1940, Wien

GESTORBEN:
lebt noch
lebt noch

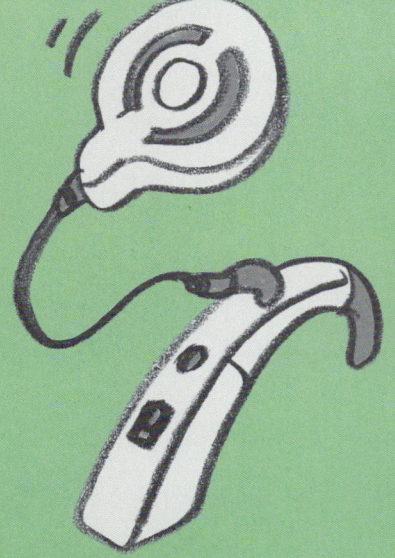

Du planst mit deinen Freunden ein Picknick im Grünen und möchtest für alle Fälle gewappnet sein? Bienenstiche, Sonnenbrand, Kopfschmerzen, Schürfwunden? Wie wäre es mit einer überdachten Picknick-Apotheke? Wenn du Hilfe brauchst, schau auf Seite 244 nach. Dort zeigen wir dir, wie's geht!

Blumen gießen, Unkraut jäten, Rasen mähen, Hecken schneiden –

➤➤ ein Garten ist schön, macht aber soooo viel Arbeit!

Du hast keinen grünen Daumen und noch dazu zwei linke Hände? Das macht gar nichts! Denn du kannst auch gemütlich im Liegestuhl liegen, die Seele baumeln lassen und dem Gras beim Wachsen zusehen. Für dieses sommerliche Langzeitprojekt empfehlen wir dir allerdings die Erfindung auf Seite 167.

Papa sagt, ich soll Blumen gießen.
Aber ich will viel lieber im Liegestuhl
liegen bleiben. Kann das nicht mal jemand
anderes übernehmen?

EINE BEWÄSSERUNGS-ANLAGE MÜSSTE MAN BAUEN!

WERDE SELBST ZUM ERFINDER!

ZEICHNE HIER, WIE SIE AUSSEHEN KÖNNTE.

WER ODER WAS KÖNNTE MIR DAS BLUMENGIESSEN ERLEICHTERN?

MEIN BRUDER?

Hat schon den Tisch abgeräumt.

DER GARTENSCHLAUCH?

Hat ein Loch ...

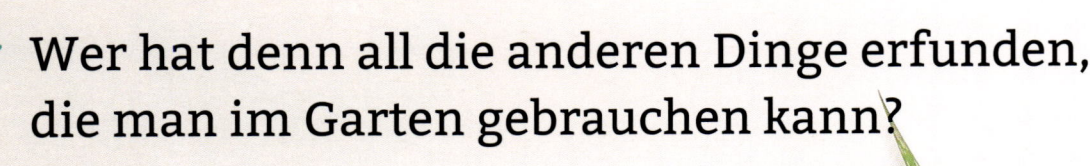

Wer hat denn all die anderen Dinge erfunden, die man im Garten gebrauchen kann?

RASENMÄHER

Der sogenannte „englische Rasen" gilt für viele als Vorzeigestück englischer Gartenkunst. Saftig grün, frei von Unkraut und gleichmäßig hoch soll er sein. Dafür muss er regelmäßig gemäht werden.

Die Engländer begannen vor 300 Jahren damit, große Gärten und Rasenflächen anzulegen und diese zu hegen und zu pflegen. Aber haben die Engländer auch den Rasenmäher erfunden?

Vor etwa 180 Jahren …

Der Engländer *Edwin Beard Budding* (sprich: Edwin Berd Badding) mag Stoffe und Textilien. Als er eines Tages in einer Weberei eine Maschine sieht, die Stoffe mit einer Klinge abschneidet, kommt ihm ein Gedanke (der weniger mit Textilien, dafür aber umso mehr mit seinem Garten zu tun hat): Warum nicht auch Gras auf dieselbe Weise schneiden – so wie die Maschine den Stoff? Gedacht – getan! Das Patent für den ersten Rasenmäher meldet Budding 1830 an.

Heute drehen in vielen Gärten Rasenmähroboter ihre Runden, das Schieben eines Rasenmähers wird somit überflüssig.

INFO

ERFINDER:
Edwin Beard Budding

BERUF:
Tischler und Erfinder

GEBOREN:
1795
Gloucestershire, England

GESTORBEN:
1846
Gloucestershire, England

GARTENZWERG

Viele lieben sie – manche hassen sie. Die Rede ist von den kleinen verschmitzten Figuren mit Zipfelmütze, die uns aus vielen Gärten entgegenlachen. Und es sind viele, sehr viele: In Deutschland leben etwa 80 Millionen Menschen, und es gibt 25 Millionen Gartenzwerge – in Österreich wird es wohl ähnlich sein!

Zwerge kommen schon in griechischen Sagen und deutschen Märchen vor.

Vor 200 bis 250 Jahren gab es die ersten Zwerge in englischen Gärten, aber auch in Österreich und Deutschland. Irgendwann war der Einzug der Gartenzwerge nicht mehr zu stoppen – und sie haben sich rasch verbreitet.

Es gibt sogar eine Vereinigung zum Schutz der Gartenzwerge. Sie möchte, dass nur „brave" Gartenzwerge, also solche mit roter Mütze und einer Größe von maximal 69 Zentimetern, in den Gärten stehen. Doch es geht auch anders. In Frankreich und Italien holt die „Front zur Befreiung der Gartenzwerge" die rotbemützten Freunde aus den Gärten heraus und bringt sie in die Wälder zurück.

Manche Gartenzwerge sind sehr abenteuerlustig. Sie reisen durch die ganze Welt und schicken Fotos und Postkarten nach Hause.

Hast du schon einmal Post von einem Gartenzwerg bekommen?

STRANDKORB

Was ist gemütlicher, als im Strandkorb zu sitzen und aufs Meer zu blicken? An fast allen Urlaubsorten der Nord- und Ostsee gibt es Strandkörbe. Aber die ersten „überdeckten Stühle", wie sie vor über 400 Jahren genannt wurden, standen nicht am Strand, sondern in Häusern, sie schützten die Menschen vor Zugluft und Kälte.

Vor ungefähr 200 Jahren entstanden die ersten Strandbäder. Damals war es noch nicht üblich, sein Handtuch einfach auf den Boden zu legen, noch dazu neben wildfremde Leute, denn es gab strenge Benimmregeln. So gelangten Badezelte, Badehütten und auch der überdeckte Stuhl hinaus an den Strand. Diese schützten mit ihrem Dach und den Seitenwänden nicht nur vor Wind und Sonne, sondern auch vor unerwünschten Blicken.

Der Korbmacher *Wilhelm Bartelmann* aus Rostock gilt als einer der Erfinder des Strandkorbs. 1882 baute er das erste Modell für eine alte Dame. Sie hatte Rheuma und wollte trotz ihrer Erkrankung ans Meer fahren und dort vor Wind und Wetter geschützt sein. Nach dieser ersten Bestellung entwickelte Bartelmann seine Erfindung weiter: Er entwarf einen Strandkorb für zwei Personen, mit Fußablage und Tischchen.

So lieben wir den Strandkorb noch heute!

INFO

ERFINDER:
Wilhelm Bartelmann

BERUF:
Korbmacher

GEBOREN:
07.10.1845
Rostock, Deutschland

GESTORBEN:
25.07.1930
Rostock, Deutschland

SONNENCREME

Sommerurlaub ohne Sonnencreme – undenkbar!
Aber wie war das früher?

Menschen mit braun gebrannter Haut galten noch vor etwas mehr als 100 Jahren als unelegant, ungebildet und nicht wohlhabend, denn meistens waren es Arbeiter und Seeleute.

Dann änderte sich die Mode und mit ihr diese Einstellung. 1946 wurde der Bikini erfunden, und junge Menschen waren in ihrer Freizeit gerne im Freien. Wer leicht bekleidet in der Sonne liegt, bekommt Sonnenbrand, also musste noch etwas anderes her: die Sonnencreme. Sie wurde zwar bereits 1933 erfunden, aber erst nach dem 2. Weltkrieg so richtig populär.

Wir wissen, dass zu viel Sonne ungesund für unsere Haut ist. Zum Glück gibt es viele verschiedene Produkte, die unsere Haut schützen: wasserfeste Sonnencreme (mit verschiedenen Lichtschutzfaktoren), farbige Sonnensprays für Kinder, spezielle Sonnencreme zum Schutz gegen Gebirgssonne.

Aber was enthält eine Sonnencreme und warum schützt sie uns? Sogenannte UV-Filter in der Creme verbinden sich mit der Hornschicht der Haut. Diese Schicht der Haut kann Sonnenstrahlen „schlucken" und auch reflektieren. Die UV-Filter der Sonnencreme unterstützen die Haut dabei.

Aber auch wenn du Sonnencreme aufträgst, ist es besser, nicht zu lange in der Sonne zu bleiben. Außerdem empfiehlt sich im Sommer immer eine Kappe oder ein Hut – und eine kühle Limonade im Schatten!

SONNENBRILLE

Als Kaiser Nero vor fast 2000 Jahren im heißen Rom die Gladiatoren beim Kampf beobachtete, wurde er immer von der Sonne geblendet. Das störte ihn. Da hatte er eine Idee! Er nahm Smaragde, grüne Edelsteine, und hielt sie sich vor die Augen. So musste er nicht länger blinzeln und versäumte keine Sekunde des Kampfes.

Auch die Inuit im Hohen Norden mussten ihre Augen vor der Sonne schützen, denn Schnee reflektiert das Sonnenlicht sehr stark und kann zu Schneeblindheit führen. Aber auch sie waren einfallsreich! Sie banden sich Tierknochen, die sie vorher mit schmalen Sehschlitzen versahen, vor die Augen. So waren ihre Augen geschützt, und sie konnten trotzdem sehen.

Und was machst du, wenn dich die Sonne blendet?

Du setzt dir eine Sonnenbrille auf die Nase – mit Gläsern, die die UV-Strahlung aus dem Sonnenlicht filtern und nicht an dein Auge lassen. Im Sommer, aber auch an sonnigen Wintertagen!

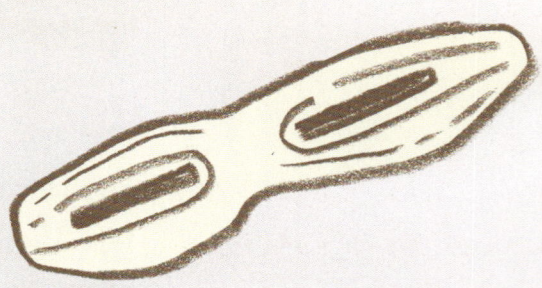

ZELT

Warst du schon einmal zelten?

Im Freien zu übernachten (und doch ein Dach über dem Kopf zu haben) ist aufregend und gemütlich zugleich! Zelte gibt es schon sehr lange – bereits vor 40 000 Jahren (kurz nach der Steinzeit also) schützten sich Menschen mit Zelten aus Tierfellen vor Regen, Wind und Kälte. Die Zelte konnten rasch abgebaut und mitgenommen werden. Das ist auch heute noch so.

Zelte gab und gibt es auf der ganzen Welt. Weil sie so praktisch sind. Römische Soldaten, indigene Völker in Amerika, Nomaden im heutigen Afrika, Bergsteiger auf dem Mount Everest – sie alle schätzten und schätzen ihre Zelte.

Heute werden Zelte aus wasserfesten Stoffen und Kunststoffen hergestellt. Leichte Stangen bilden das Gerüst. Es gibt die unterschiedlichsten Modelle. Hast du gewusst, dass es besondere Zelte für steile Felswände oder für Autodächer gibt? Und man bekommt sogar Zelte, die sich selbst aufbauen: Man wirft sie in die Luft, sie entfalten sich im Flug und landen fertig aufgebaut auf der Erde. Das ist doch eine tolle Erfindung!

LUFTMATRATZE

Die Luftmatratze darf bei keinem Urlaub am Wasser fehlen. Aber wurde sie tatsächlich für das gemütliche Liegen auf den Wellen erfunden? Dann doch bestimmt nur für reiche Menschen, die es sich leisten konnten, an den Stränden von Italien oder Frankreich Urlaub zu machen?

Die Antwort lautet jein. Die Luftmatratze war tatsächlich zunächst eine Errungenschaft für Reiche und Adelige. Aber sie war ursprünglich nicht für den Urlaub und zum Baden gedacht. Vor fast 500 Jahren gab es die ersten Luftmatratzen in Frankreich. Sie wurden zum Schlafen verwendet, denn zu jener Zeit wurden Matratzen noch mit Stroh und Laub gefüllt und waren voller Ungeziefer. Das gefiel den adeligen Herrschaften gar nicht. Das sogenannte „Windbett" wurde aus Segeltuch gefertigt und hatte Ventile. So konnte man es, wie unsere heutige Luftmatratze, aufblasen.

In Amerika wurde die Idee des Windbettes um 1900 aufgegriffen, vor allem Seeleute machten sie sich zunutze. Denn so eine Matratze brauchte wenig Platz und konnte zum Schlafen aufgeblasen werden.

Hast du beim Zelten schon einmal auf einer Luftmatratze übernachtet?

GLÜHBIRNE

ZUM BEISPIEL FÜR DEINE TASCHENLAMPE

INFO

ERFINDER:
Thomas Alva Edison

BERUF:
Erfinder und Unternehmer

GEBOREN:
11.02.1847
Milan, Ohio, USA

GESTORBEN:
18.10.1931
West Orange,
New Jersey, USA

Vor 160 Jahren ...

Thomas Alva Edison (sprich: Thomes Elwa Edisn) wächst in den Vereinigten Staaten von Amerika auf. Er wohnt mit seinen Eltern und seinen sechs Geschwistern in einem kleinen Haus. Sein Lehrer behauptet, dass er zu dumm für die Schule sei, seine Mutter ist jedoch anderer Meinung und unterrichtet ihn zu Hause. Edison ist neugierig und will alles wissen, daher geht er oft in die Bibliothek. Er findet Batterien, Leuchtgas, Heißluftballone und andere Erfindungen sehr interessant. Viele Jahre später wird Edison selbst Erfinder und erhält mehrere Patente, zum Beispiel auf eine Telefonklingel, einen Stimmenzähler, einen elektrischen Stift, den Phonographen ... Und er erfindet unermüdlich weiter.

Weil es ihn ärgert, dass er sich abends nur mit Kerzen und Petroleumlampen Licht machen kann (denn Straßenlaternen, die mit Gas betrieben werden, gibt es nur in großen Städten), tüftelt er mit seinen Mitarbeitern an der Erfindung einer elektrischen Glühbirne. Nach 2000 gescheiterten Versuchen sind sie sehr verzweifelt. „Werden wir jemals Licht ins Dunkel bringen?", fragen sie sich. Endlich klappt es mit einem verkohlten Baumwollfaden. Müde, aber glücklich sehen sie dem Faden beim Glühen zu und sind begeistert: Ihnen ist etwas Wichtiges gelungen!

Heute gibt es viele verschiedene Möglichkeiten, Licht zu machen. Mit einer **Taschenlampe** kann Licht sogar bequem überallhin mitgenommen werden. Doch woher kommt der Strom für die Taschenlampe? Ihn liefern Batterien, Solarzellen – oder eine Kurbel.

EDISON geht ein Licht auf!

Du gehörst zu den Menschen, die es gerne ruhig angehen lassen, und möchtest gerne so lange wie möglich im Liegestuhl liegen?

Dann ist eine „Bewässerungsanlage für Bequeme" genau das Richtige für dich! Mit ihr kannst du vom Liegestuhl aus ganz entspannt Blumen gießen. Wie das funktionieren kann? Überlege selbst! Wenn du Hilfe brauchst, schau auf Seite 248 nach, dort zeigen wir dir, wie's geht!

Meine legendäre

GEDÄCHTNIS-STÜTZE

VON MAMA♡

Aufgepasst: Merk dir folgende Wörter!

Insel, Baukran, Frosch, Berg, Briefkuvert, Schokolade, Autoreifen, Blitz, Füße

(Lies sie zunächst eine Minute lang durch, klappe das Buch dann zu und wiederhole sie.)

Hat's geklappt? Wenn du diese Wörter nun in eine Geschichte verpackst – je absurder, desto besser –, kannst du sie dir noch besser merken!

Als der Frosch auf der Insel landete, war der Baukran, der groß wie ein Berg war, sein einziger Freund. Der Frosch fühlte sich einsam, doch zum Glück schickte ihm seine Mutter jede Woche in einem Briefkuvert Schokolade. Er lebte viele Jahre in einem Autoreifen, bis dort der Blitz einschlug. Da bekam der Frosch kalte Füße und verließ die Insel.

➡→ **Klappe noch einmal das Buch zu! Funktioniert es nun besser?**

WAS KÖNNTE MIR
DAS VOKABELLERNEN
ERLEICHTERN?

WERDE SELBST ZUM ERFINDER!

HIER IST PLATZ FÜR DEINE IDEEN!

- ☐ VOKABELHEFT

- ☐ KÄRTCHEN

- ☐ AUFNEHMEN UND ABSPIELEN

- ☐ VOKABELTRAINER AM COMPUTER

- ☐ ABFRAGEN LASSEN

- ☐

- ☐

- ☐

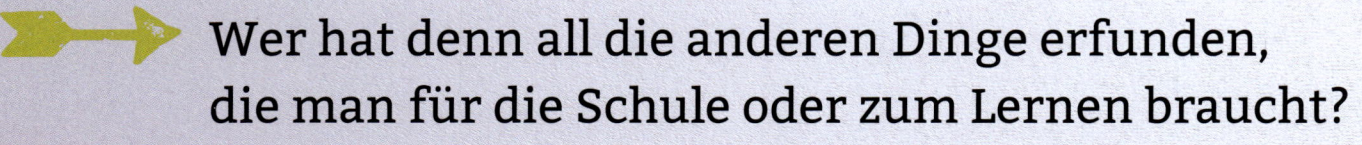

Wer hat denn all die anderen Dinge erfunden, die man für die Schule oder zum Lernen braucht?

BLEISTIFT

INFO

··

ERFUNDEN:

··

vor 5000 Jahren
in Ägypten

Vor ungefähr 5000 Jahren!
In Ägypten schreibt man mit
Blei. Das flüssige Material wird
in ein Schilfrohr gegossen.

Doch Blei ist giftig!

Dein Bleistift besteht also gar
nicht mehr aus Blei, heißt aber so!

Vor über 350 Jahren!
In England nimmt man große
Stücke des Materials Grafit,
sägt es in kleine Stäbe und
schreibt damit. Doch Grafit
färbt ab! Beim Schreiben
bekommt man schwarze Finger.

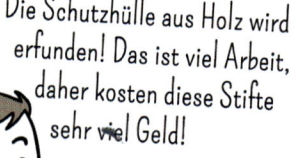

Grafit + Ton = Bleistift-Minen

Die Schutzhülle aus Holz wird
erfunden! Das ist viel Arbeit,
daher kosten diese Stifte
sehr viel Geld!

Vor über 200 Jahren!
In Österreich hat Joseph Hardtmuth eine Idee!
Er nimmt keine großen Grafit-Stücke, sondern
Grafit-Staub und mischt ihn mit Ton. So kann er
weichere und härtere Bleistifte herstellen. Daraus
formt er Bleistift-Minen, brennt sie und taucht sie
in Wachs. So entsteht der moderne Bleistift.

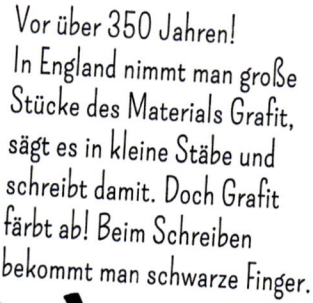

INFO

ERFINDER:
Fa. Texas Instruments

ERFUNDEN:
vor 50 Jahren
in den USA

TASCHEN**RECHNER**

^1/3

Was ergibt 12 plus 37?

49, richtig! Aber was tun, wenn die Rechnungen komplizierter werden?

Vor über 3000 Jahren wurde in Asien der Abakus erfunden, ein Rahmen mit Stäben, auf denen man aufgefädelte Steine oder Kugeln hin und her schieben konnte. So ließen sich Rechenaufgaben leichter lösen.

Auch in Schottland begann man vor ungefähr 400 Jahren mit Rechenstäben zu multiplizieren und zu dividieren.

In Deutschland wurde vor fast 400 Jahren eine mechanische Rechenmaschine erfunden. *Konrad Zuse* erfand vor über 70 Jahren den ersten Computer der Welt. Dieser konnte viele Rechenaufgaben gleichzeitig lösen (siehe Seite 185).

Vor ungefähr 50 Jahren wurde der erste Rechner entwickelt, der in eine Tasche passte, also ein Taschenrechner. Die Rechenergebnisse druckte er auf einen Papierstreifen.

Inzwischen gibt es in jedem Mobiltelefon einen Taschenrechner. Was meinst du, wie wird man in Zukunft rechnen? Überhaupt noch mit dem Kopf? Wer weiß, vielleicht bist gerade DU das Tüftelgenie, das das herausfindet!

INFO

ERFINDER:

László József Bíró

BERUF:

Erfinder

GEBOREN:

29.09.1899

Budapest, Ungarn

GESTORBEN:

24.10.1958

Buenos Aires,
Argentinien

KUGEL**SCHREIBER**

Vor ungefähr 90 Jahren in Ungarn …

Bleistifte müssen ständig gespitzt werden, Tinte verschmiert leicht und macht die Finger schmutzig. „Es muss doch noch etwas anderes geben, um sich schnell etwas aufschreiben zu können!", denkt sich *László József Bíró* (sprich: Laslo Josef Biro) – und erfindet den Kugelschreiber. Doch wie kommt er auf die geniale Idee, mithilfe einer Kugel zu schreiben? Nun, darüber werden mehrere Geschichten erzählt, zum Beispiel diese: Bírós Tochter spielt mit Murmeln – und er sieht ihr dabei zu. Als eine Murmel durch eine Regenpfütze rollt, hinterlässt sie eine Spur. Da hat Bíró den Geistesblitz: Eine Kugel in der Spitze eines Schreibers müsste die Tinte doch fein säuberlich auf das Papier auftragen können. Und in der Tat: Seine Idee ist brillant, und er meldet seine Erfindung zum Patent an.

POST-IT

Arthur Fry (sprich: Aasa Frei) singt in einem Kirchenchor.

Grrr! Meine Lesezeichen fallen immer raus. Wie kann ich das lösen?

Mein Kollege wollte einen Kleber erfinden, stärker als Superkleber. Sein Kleber haftete zwar überall, war aber auch leicht abzulösen.

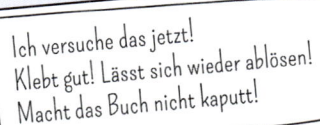

Ich versuche das jetzt! Klebt gut! Lässt sich wieder ablösen! Macht das Buch nicht kaputt!

Chef, ich habe ein Lesezeichen erfunden!

Das ist doch nur ein Stück klebriges Papier!

Aber man kann sich damit Botschaften hinterlassen.

Es hat Jahre gedauert, aber nun kennt man meine Erfindung auf der ganzen Welt. Ich nenne sie „Post-it", das bedeutet übersetzt „Kleb es!".

INFO

ERFINDER:
Arthur Fry

BERUF:
Chemiker und Erfinder

GEBOREN:
19.08.1931
Owatonna,
Minnesota, USA

GESTORBEN:
lebt noch

UHU

Bereits die Neandertaler verwendeten Klebstoff.

Natürlich nicht so, wie du ihn kennst, nein, sie nahmen zum Kleben Birkenpech. Auch klebrige Erde, Harze von Bäumen und Teer eigneten sich gut als Klebstoff. Später verwendeten die Ägypter und auch die Griechen und Römer verschiedene Sorten Leim, den sie sich aus allem Möglichen zusammenbrauten: aus tierischen Abfällen (Sehnen, Knorpel, Knochen), aus Eiweiß, aus Mehl und Wasser, oder auch aus Käse.

Vor etwas mehr als 300 Jahren wurden die ersten Leimfabriken gegründet. Beim Buchbinden, beim Bau von Möbeln oder beim Tapezieren – überall wurde Leim benötigt.

Für viele Klebstoffe wurden Fischknochen gekocht – sie stanken fürchterlich. Diese Klebstoffe hielten nicht so gut und wurden bröselig, auch konnte man nicht alle Materialien damit verbinden.

Vor nicht ganz 100 Jahren entwickelte ein Apotheker namens *August Fischer* aus dem Schwarzwald den ersten Alleskleber aus Kunstharzen. Damit konnte man erstmals ALLES KLEBEN! Er nannte seine Erfindung Uhu (ob der Name etwas mit seiner Heimat zu tun hat, ist nicht genau bekannt).

Mittlerweile gibt es wasserfeste und hitzebeständige Klebstoffe, Klebstoffe, die in Sekundenschnelle zwei Materialien miteinander verbinden, und sogar Klebstoffe für Flugzeuge. Hast du gewusst, dass auch beim Bau der „Hindenburg", dem größten Luftschiff der Welt, Klebstoff von Herrn Fischer verwendet wurde? Leider ist die Hindenburg später explodiert, der Klebstoff war aber nicht schuld an diesem Unglück.

INFO

ERFINDER:
August Fischer

BERUF:
Apotheker

GEBOREN:
15.11.1868
Buchau, Deutschland

GESTORBEN:
12.12.1940
Bühl, Deutschland

COMPUTER

Sehr viele Menschen besitzen heutzutage einen Computer. Aber bis Computer so klein waren und so viel konnten wie unsere Computer zu Hause, dauerte es sehr lange.

Hast du gewusst, dass die erste Rechenmaschine mit einem Programm ausgestattet war, das von einer Frau erfunden wurde? Ihr Name war *Augusta Ada Byron King, Countess of Lovelace* (sprich: Ogasta Eyda Beiron King, Kauntess of Lofles), *kurz: Ada Lovelace*. Sie wurde vor über 200 Jahren in England geboren, war eine Adelige und – Mathematikerin. Sie erkannte, dass durch das Programmieren unglaubliche Berechnungen möglich sind. Ihr Programm konnte damals nur von Hand betätigt werden, denn zu ihrer Zeit waren Maschinen noch gar nicht dazu in der Lage. Sie war ihrer Zeit weit voraus.

Die Programmiersprache Ada wurde nach ihr benannt.

INFO

ERFINDER:
Ada Lovelace

BERUF:
Adelige und Mathematikerin

GEBOREN:
10.12.1815
London, England

GESTORBEN:
27.11.1852
London, England

Vor etwa 80 Jahren in Deutschland ...

Konrad Zuse ist Maschinenbauer und Erfinder. Er muss viele Berechnungen durchführen, das findet er anstrengend. Er möchte daher ein „mechanisches Gehirn" erfinden. Er baut den ersten Rechenautomat, der durch ein Programm gesteuert wird **und** funktioniert! Allerdings ist sein erster Computer riesengroß. Alle von ihm erfunden Computer tragen den Namen Z sowie eine fortlaufende Nummer. Für Z3 reicht er ein Patent ein, das ihm allerdings auch nach vielen Jahren des Streits nicht zuerkannt wird. So wird er leider zu Lebzeiten weder weltberühmt noch reich, obwohl er das wirklich verdient hätte. Sein Z3 arbeitet nämlich bereits mit den Befehlen 1 und 0 – und mehr braucht es nicht. Mit diesem System funktionieren Computer noch heute.

ERFINDER:
Konrad Zuse

BERUF:
Bauingenieur, Erfinder und Unternehmer

GEBOREN:
22.06.1910
Deutsch-Wilmersdorf, Deutschland

GESTORBEN:
18.12.1995
Hünfeld, Deutschland

In den letzten 50 Jahren wurden Computer durch Erfindungen wie Mikrochips, verbesserte Elektronik und Internet immer schneller und besser – und ein Ende ist noch lange nicht in Sicht.

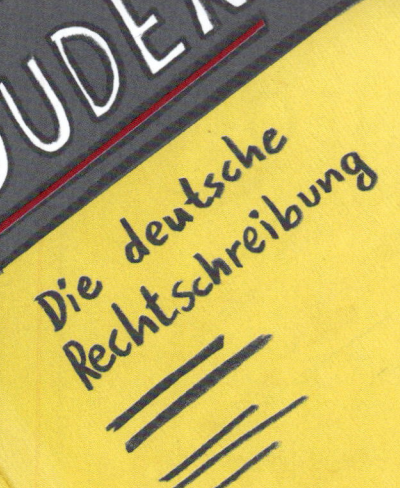

DUDEN

Vor über 130 Jahren ...

Konrad Duden ist Lehrer und unterrichtet in Deutschland, das zu diesem Zeitpunkt aus vielen kleinen Einzelstaaten besteht. Ihm fällt auf, dass die Menschen in den verschiedenen Regionen unterschiedliche Wörter benutzen.

Auch fällt es seinen Schülern oft schwer, kleine Bedeutungsunterschiede in gleich oder ähnlich klingenden Wörtern zu erkennen. „Aber so geht das doch nicht!", ärgert sich Konrad Duden. „Schon ein einziger Buchstabe kann ja den Sinn eines Wortes völlig verändern!"

Hier ein Beispiel: Das ist eine Seite. Verändert man nur einen Buchstaben, wird daraus die Saite eines Musikinstruments oder der feine Stoff Seide.

INFO

ERFINDER:
Konrad Duden

BERUF:
Lehrer

GEBOREN:
03.01.1829
Lackhausen, Deutschland

GESTORBEN:
01.08.1911
Sonnenberg,
Deutschland

Der Lehrer Konrad Duden möchte die Kinder gerecht beurteilen und ihnen verbindliche Regeln an die Hand geben. Er schreibt die verschiedenen Wörter in ein Buch. Je länger aber seine Liste wird, desto mehr verspürt Duden den Wunsch, ein Lexikon zu erstellen, das für alle deutschsprachigen Menschen gilt. Er verfasst das Buch „Die deutsche Rechtschreibung" mit über 27 000 Stichwörtern. Das Rechtschreibwörterbuch gibt es noch heute, inzwischen mit über fünfmal so vielen Wörtern.

KORREKTUR-FLÜSSIGKEIT

INFO

ERFINDER:
Bette Graham

BERUF:
Sekräterin und Unternehmerin

GEBOREN:
23.03.1924
Dallas, USA

GESTORBEN:
12.05.1980
Richardson, Texas, USA

Vor ungefähr 60 Jahren ...

Die Sekretärin *Bette Graham* (sprich: Bette Grehem) tippt auf einer alten Schreibmaschine. Die Tasten gehen schwer, und Bette tippt gemächlich. Fehler macht sie daher kaum. Falsche Buchstaben radiert sie einfach mit einem Spezialradiergummi aus. Doch dann wird die elektrische Schreibmaschine erfunden, die mit Strom funktioniert, und Bette tippt nun viel schneller. Dadurch macht sie aber auch mehr Fehler, und ausradieren ist bei dieser Schreibmaschine nicht mehr möglich. Das ärgert Bette, doch sie ist nicht auf den Kopf gefallen: Sie gießt ein wenig weiße Farbe in ein kleines Fläschchen und übermalt ihre Tippfehler mit einem winzigen Pinsel. Von ihrer Erfindung verkauft sie sehr viele Flaschen und meldet ein Patent an. Als sie später ihre Firma verkauft, bekommt sie dafür umgerechnet etwa 50 Millionen Euro. Was ein kleiner Geistesblitz alles bewirken kann!

Damals war die Erfindung so bedeutsam, dass die Erfinderin steinreich wurde. Heute wird die Korrekturflüssigkeit fast nicht mehr verwendet – so ändern sich die Zeiten!

Es fällt dir manchmal schwer, dir all die vielen Vokabeln
zu merken? Längere Busfahrten sind ideal,
um Vokabeln zu lernen. Zum Beispiel, wenn du zum Sport
fährst oder zu Freunden. Auch beim Laufen
prägen sich Vokabeln gut ein.

Damit du deine Vokabeln immer dabei hast,
kannst du dir eine Vokabel-Kappe basteln, so hast du die
Fremdwörter stets griffbereit.
Wenn du Hilfe brauchst, schau auf Seite 250 nach.
Dort zeigen wir dir, wie's geht!

TOP SECRET

"AHOH"

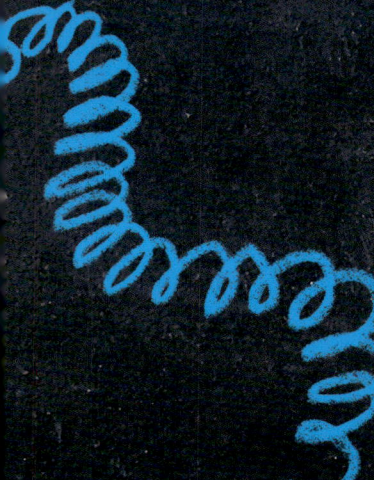

AUF DRAHT

BING

Weißt du schon das Neueste?

Was denn?

Ab dem nächsten Schuljahr gibt es das Fach „Morgenstund hat Gold im Mund – Frühaufstehen leichtgemacht". In diesem Fach wird es auch Tests geben!

Echt? Nein, das wusste ich nicht! Das muss ich sofort meinen Geschwistern sagen.

Meiner Cousine wollte ich es auch erzählen, aber sie wusste es schon aus dem Internet ...

Stimmt das wirklich? ➤➔ Oder ist das nur ein Gerücht?
Heute bekommen wir Informationen und Nachrichten über viele Kanäle. Wer genau hinhört und nachfragt, anstatt alles zu glauben, lässt sich nicht täuschen! Vieles ist Klatsch und Tratsch – und in der Gerüchteküche brodelt es weiter ...

WIE KANN ICH MIT ANDEREN IN KONTAKT TRETEN, OHNE MEIN HANDY ZU NUTZEN?

WERDE SELBST ZUM ERFINDER!

BRIEF?
KÖNNTE JEMAND ABFANGEN ...

FLASCHENPOST?
WARUM EIGENTLICH NICHT!

HIER IST PLATZ
FÜR DEINE IDEEN.

Wer hat denn all die Kommunikationsmittel erfunden, die uns helfen, Informationen auszutauschen?

Eine Kopiervorlage dieser Geheimschrift-Scheibe findest du auf Seite 224.

GEHEIMSCHRIFT

Vor über 2200 Jahren lebte in Griechenland ein Mann, der einen schwierigen Namen hatte.

Hallo! Ich heiße Polybius!

Er erfand eine Geheimschrift, die nach ihm benannt ist.

Er ersetzte einen Buchstaben durch zwei Zahlen: Zuerst ein blaue Zahl und dann eine rote Zahl.

B = 12
S = 43

Finde heraus, wer die allererste Geheimschrift erfunden hat!

32 11 33   52 15 24 43 43   15 43   33 24 13 23 44

INFO

ERFINDER:

Polybius

BERUF:

Geschichtsschreiber

GEBOREN:

200 v. Chr.
Griechenland

GESTORBEN:

120 v. Chr.

Vor über 2000 Jahren verschickte ein Feldherr geheime Briefe.

Dafür verwendete er eine Scheibe, auf der zwei Mal das Alphabet stand.

Echtes Alphabet
Geheimes Alphabet

A=E   A=M
A=U

Er überlegte sich einen Buchstaben, der der erste Buchstabe im Geheim-Alphabet sein sollte und stellte die Scheibe richtig ein.

Nun konnte er seine Nachricht geheim schreiben. Er ersetzte den Buchstaben auf dem äußeren Ring durch den Buchstaben auf dem inneren Ring.

XUQNQD

A=M

Wer seine Nachricht lesen wollte, musste wissen, durch welchen Buchstaben er A ersetzt hatte, dann waren alle anderen Buchstaben klar.

INFO

ERFINDER:

Feldherr
vor 2000 - 2500 Jahren

Der Erfinder hieß RPTHPG.

Ersetze A durch P.

Der Erfinder lebte in KHF.

Ersetze A durch T.

Suche diese Buchstaben auf der inneren Scheibe und ersetze sie durch Buchstaben auf der äußeren Scheibe.

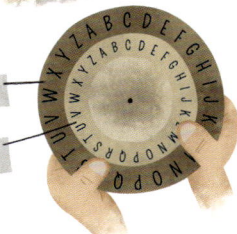

197

FOTOGRAFIE

FLASH

Hast du schon einmal von einer „Camera obscura" gehört? Sie war eigentlich die erste Kamera überhaupt, und ihre Erfindung ist schon viele hundert Jahre alt. Eine „Camera obscura" ist eine lichtdichte Kiste mit einem kleinen Loch darin. Durch das Loch fällt Sonnenlicht, das das Bild der Außenwelt nach innen transportiert – allerdings steht dieses Bild dabei auf dem Kopf.

Vor ungefähr 180 Jahren wurden erste Fotografien durch komplizierte chemische Vorgänge auf Platten aufgebracht und so fixiert, dass man sie immer wieder betrachten konnte. Später konnten durch den Einsatz von Linsen und lichtempfindlichen Materialien (Silbersalzen) die Bilder noch besser eingefangen werden. Für die ersten Aufnahmen mussten die Menschen sehr lange ruhig stehen, denn das Licht brauchte lange, um auf das lichtempfindliche Material zu gelangen. Das war ganz schön mühsam.

ERFINDER:
William Henry Fox Talbot

BERUF:
Literat, Mathematiker,
Fotograf

GEBOREN:
11.02.1800
Melbury, Dorset, England

GESTORBEN:
17.09.1877
Lacock Abbey,
Wiltshire, England

Der reiche Engländer *William Henry Fox Talbot* (sprich: William Henri Fox Tälbet) erfand ein lichtempfindliches Papier und ließ es sich 1841 patentieren. Er verwendete Silbernitrat dafür. Er legte das präparierte Papier in die Sonne und stellte Gegenstände darauf. Dort, wo sich die Gegenstände befanden, blieb das Papier hell, alle anderen Stellen färbten sich dunkel.

Um ein Foto auf Papier zu fixieren, waren mehrere Vorgänge mit Chemikalien nötig. Danach wurden die Bilder zum Trocknen aufgehängt, erst dann waren die Fotos fertig.

Wenn du eine Digitalkamera hast, kannst du dir das sparen. Diese Kameras arbeiten mit lichtempfindlichen Sensoren, und die Bilder werden elektronisch gespeichert. Du kannst sie am Computer bearbeiten und ausdrucken. Das ist sehr praktisch und geht schnell.

FERNSEHER

Der Fernseher: viele Sender und viele Erfinder!

Vor etwa 120 Jahren ...

Der Physiker *Karl Ferdinand Braun* erfindet die später nach ihm benannte „Braunsche Röhre". Damit können Elektronen beschleunigt werden. Am Ende der Röhre treffen sie auf einen fluoreszierenden Bildschirm, dort leuchtet ein kleiner Punkt auf. Diese Erfindung bildet die Grundlage für die technische Entwicklung des Fernsehers.

Vor nicht ganz 100 Jahren ...

Der vierzehnjährige *Philo Tylor Farnsworth* (sprich: Feilo Teiler Faanswörff) arbeitet gerade auf einem Kartoffelacker, als ihm eine Idee kommt (die eigentlich gar nichts mit Kartoffeln zu tun hat). Wie die Wörter beim Lesen, denkt er sich, könnte man doch auch Bilder „Zeile für Zeile" übertragen. Sieben Jahre später ist es so weit. 1927 gelingt es ihm, das erste Bild auf einen Bildschirm zu übertragen. Leider hat sich da bereits der Russe *Vladimir Kosma Zworykin* (sprich: Wladimir Kosma Sworykin) dieses Verfahren patentieren lassen, auch wenn dessen Gerät erst sechs Jahre nach Farnsworths Versuch funktioniert.

Wie funktioniert ein Fernseher?

Ein Bild, also Licht, wird in kleine Teilchen zerlegt und elektronisch, zum Beispiel per Funk, übermittelt. Das geschieht mithilfe eines Apparates, der das Bild abtastet und zerlegt. Am anderen Ende, nämlich in den Fernsehgeräten zu Hause, wandelt ein Mechanismus die elektronischen Signale wieder in ein Bild um. Am Bildschirm wird das Bild dann sichtbar. Heute gibt es kaum noch Fernsehgeräte mit Röhren – die meisten Menschen besitzen Digitalfernseher, in denen Flüssigkristalle das Licht lenken.

INFO

ERFINDER:
Karl Ferdinand Braun

BERUF:
Physiker,
Elektrotechniker
und Nobelpreisträger

GEBOREN:
06.06.1850
Fulda, Deutschland

GESTORBEN:
20.04.1918
New York, USA

ERFINDER:
Philo Tylor
Farnsworth

BERUF:
Erfinder

GEBOREN:
19.08.1906
Indiana Springs,
Utah, USA

GESTORBEN:
11.03.1971
Salt Lake City, USA

ERFINDER:
Vladimir Kosma
Zworykin

BERUF:
Physiker und Erfinder

GEBOREN:
17. 07. 1888
Murom,
Russisches Kaiserreich

GESTORBEN:
29. Juli 1982
Princeton, New Jersey,
USA

VOR 120 JAHREN

RADIO

Es gab mehrere Tüftelgenies, die sich damit beschäftigten, Informationen über weite Strecken zu übertragen. *Samuel Morse* (sprich: Sämjuäl Mors) gelang dies schon vor ungefähr 170 Jahren, und zwar mithilfe langer Kabel. Über diese Kabel konnte er kurze Botschaften übermitteln: Zum Beispiel die Botschaft SOS, die aus drei kurzen, drei langen und dann wieder drei kurzen Signalen besteht: ... - - - ...

Später kamen gesprochene Worte und Musik dazu. „Eins, zwei, drei, vier. Schneit es bei Ihnen, Mr. Thiessen?" Das war der erste Satz, der jemals drahtlos übertragen wurde, vor fast 120 Jahren. Nur 6 Jahre später folgte die erste Radiosendung, und weltweit gab es nach und nach verschiedene Radiosender, die unterschiedliche Programme sendeten.

Jeder Radiosender hat eine eigene Sendefrequenz, auf der nur er senden darf. Etwa so wie jedes Telefon eine eigene Telefonnummer hat. Diese Sendefrequenz wird von einem Sendemast ausgestrahlt, der aussieht wie eine riesengroße Antenne und eine bestimmte Reichweite hat.

Ein Radio besteht aus einer Antenne, die die Funksignale einfängt. Eine Spule filtert diese Funksignale. Mit einem „Knopf" stellt man ein, welchen Radiosender man hören möchte. Ein sehr wichtiges Teil im Radio, der Transistor, verstärkt die Funksignale. Lautsprecher oder Kopfhörer verwandeln nun diese Funksignale in Töne.

INFO

ERFINDER:
Samuel Morse

BERUF:
Erfinder und Professor für Malerei, Plastik und Zeichenkunst

GEBOREN:
27.04.1791
Charlestown,
Massachusetts, USA

GESTORBEN:
02.04.1872
New York, USA

TELEFON UND MOBILTELEFON

„Tele" bedeutet „fern", „Phon" ist die Bezeichnung für „Ton". Daher hat das Gerät, mit dem man Töne über weite Strecken hinweg übermitteln kann, seinen Namen: das Telefon (oder Telephon). Seine Erfindung hat den größten Patentstreit aller Zeiten ausgelöst.

Vor 155 Jahren ...

Philipp Reis möchte ein Gerät erfinden, das Töne in die Ferne übertragen kann. Er baut einen Sender und einen Empfänger und verbindet sie mit feinen Drähten. Dann spricht er einen absurden Satz in den Sender: „Das – Pferd – frisst – keinen – Gurkensalat." Damit möchte er sichergehen, dass sein Satz auch wirklich am anderen Ende der Leitung verstanden (und nicht nur erraten) wird. Und sieh an, es klappt. Reis wird als Erfinder des „Gerätes zur Übertragung von Tönen in eine Richtung" bekannt.

Vor ungefähr 140 Jahren ...

Alexander Graham Bell (sprich: Alexander Grähem Bell) reicht das Patent für ein Fernsprechgerät ein, mit dem man in zwei Richtungen kommunizieren kann. Aber ist wirklich er der Erfinder? Oder hatte bereits jemand anderes eine ähnliche Idee? Elisha Grey (sprich: Eliescha Grey) nämlich, sein schärfster Konkurrent, kommt nur zwei Stunden nach ihm zum Patentamt, leider zu spät. Daher gilt Alexander Graham Bell offiziell als der Erfinder des Telefons.

Bei den ersten Telefonen konnte man nicht selbst eine Nummer wählen, sondern sprach zunächst mit dem „Fräulein vom Amt", das die Verbindung zu der Person herstellte, mit der man plaudern wollte.

Vor ungefähr 100 Jahren konnte man dann bereits selbst eine Wählscheibe am Telefon bedienen, vor über 30 Jahren wurde die Wählscheibe durch Wähltasten ersetzt.

Vor über 40 Jahren ...

Martin Cooper (sprich: Martin Kuuper) tüftelt an einem Gerät, das es Polizisten ermöglichen soll, sich gegenseitig über Funk Nachrichten zu übermitteln. Da hat er plötzlich einen Gedanken, der ihn nicht mehr loslässt: Wie wäre es, ein tragbares Telefon zu erfinden, mit dem man auch von unterwegs aus telefonieren kann? Seine Erfindung, das Mobiltelefon, wird ein Erfolg, ist aber viel größer als heutige Mobiltelefone und wiegt über ein Kilogramm – und telefonieren kann man mit diesem Gerät nicht länger als eine halbe Stunde.

Und natürlich auch nicht im Internet surfen, Fotos machen oder Spiele spielen ...

„Das-Pferd-
frisst-keinen-
Gurkensalat"

INFO

ERFINDER:
Philipp Reis

BERUF:
Physiker und Lehrer

GEBOREN:
07.01.1834
Gelnhausen,
Deutschland

GESTORBEN:
14.01.1874
Friedrichsdorf,
Deutschland

INFO

ERFINDER:
Alexander Graham Bell

BERUF:
Sprechtherapeut,
Erfinder und
Großunternehmer

GEBOREN:
03.03.1847
Edinburgh, Schottland

GESTORBEN:
02.08.1922
Baddeck, Kanada

INFO

ERFINDER:
Martin Cooper

BERUF:
Elektroingenieur

GEBOREN:
26.12.1928
Chicago, USA

GESTORBEN:
lebt noch

INTERNET

Wer etwas wissen möchte, sucht danach im World Wide Web. Das geht rasch und ist ganz einfach. Denn heute haben wir fast immer und überall Zugriff aufs Internet.

Vor etwa 60 Jahren wurde in Amerika der Versuch unternommen, die Regierung, die Universitäten und auch das Militär miteinander zu verbinden. Die Institutionen sollten ihr Wissen und ihre Ideen teilen. Zunächst gab es einen Zentralrechner, auf den andere Computer zugreifen konnten. Du kannst dir das wie eine gemeinsame Bibliothek vorstellen: Alle stellen ihre Bücher in Regale, und jeder darf alle Bücher lesen.

Die Wissenschaftler wollten jedoch nicht nur Daten austauschen, sondern auch miteinander in Kontakt treten. So entstand die elektronische Post – die E-Mail. Bald wollten sich immer mehr Menschen an diesem Informationsaustausch beteiligen, dafür mussten einfache und einheitliche Strukturen her. Vor 25 Jahren erfand der Forscher *Tim Berners-Lee* (sprich: Tim Börners Lie) das World Wide Web, kurz WWW.

Im World Wide Web lassen sich Daten abspeichern und aufrufen. Suchmaschinen helfen beim Finden von Informationen. Eine der bekanntesten Suchmaschinen ist Google. Sie ist so beliebt, dass sich das Verb „googeln" in unserem Wortschatz festgesetzt und bereits einen festen Platz im Duden hat. Es bedeutet: etwas mit Google im Internet suchen, recherchieren.

INFO

ERFINDER:
Tim Berners-Lee

BERUF:
Physiker und Informatiker

GEBOREN:
08.06.1955
London, England

GESTORBEN:
lebt noch

1011010

KINO

Wer geht nicht gerne ins Kino?
Gemütlich mit einer Tüte Popcorn im weichen Sessel versinken, ein packendes Abenteuer mit tollem Sound oder vielleicht sogar einen 3-D-Film genießen? Das war nicht immer so möglich.

Vor etwa 120 Jahren …

1895 träumt der Fotograf *Auguste Lumière* (sprich: Ogüst Lümiär) davon, ein Gerät zum Abspielen von bewegten Bildern zu erfinden, um sie einer großen Menge von Menschen zeigen zu können. Er erzählt seinem Bruder *Louis* von der Idee, der sich sogleich an die Arbeit macht. Louis findet die technische Lösung und entwickelt den Kinematographen. Obwohl Auguste ihm den Impuls gegeben hatte, lässt sich Louis als alleiniger Erfinder eintragen, weshalb sich die Brüder zerstreiten.

Die erste öffentliche Filmvorführung findet noch 1895 statt, aber es soll fast 30 Jahre dauern, bis der erste lange Film mit Ton in die Kinos kommt. Zuvor gibt es nur Stummfilme.

(Als dann später der Fernseher erfunden wurde, gingen zunächst weniger Menschen ins Kino. In den letzten Jahren wurde das Kino aber wieder beliebter. Grund dafür sind nicht nur das gewaltige Tonerlebnis, sondern auch Besonderheiten wie 3-D-Filme oder Liveübertragungen von Konzerten. Früher wurden die Filme über einen Projektor auf die Leinwand gebracht. Heute geschieht das digital.)

INFO

ERFINDER:
Auguste Lumière

BERUF:
Fotograf, Erfinder und Unternehmer

GEBOREN:
19.10.1862
Besançon, Frankreich

GESTORBEN:
10.04.1954
Lyon, Frankreich

ERFINDER:
Louis Lumière

BERUF:
Fotograf, Erfinder und Unternehmer

GEBOREN:
05.10.1864
Besançon, Frankreich

GESTORBEN:
06.06.1948
Bandol, Var, Frankreich

BRAILLE-SCHRIFT

Vor 190 Jahren in Frankreich ...

Louis Braille (sprich: Lui Brei) ist 16 Jahre alt, und er liebt Geschichten. Wie gern würde er Bücher lesen. Doch er ist blind. Mit drei Jahren hatte er mit einem Werkzeug seines Vaters gespielt und sich am Auge verletzt. Nun braucht er immer jemanden, der ihm vorliest – das möchte er ändern! Louis hört, dass das Militär eine besondere Schrift verwendet, um auch in der Nacht, wenn man nichts sehen kann, Botschaften zu übermitteln. Anstatt Buchstaben zu verwenden, werden maximal 12 punktförmige Erhebungen in einen Karton gedrückt, die der Empfänger mit den Fingern ertasten kann.

Da hat Louis eine Idee! Er tüftelt lange und entwickelt eine aus nur 6 Punkten bestehende Schrift: drei Punkte in die Höhe und zwei Punkte in die Breite. Wie bei einem Würfel setzt er die Punkte unterschiedlich zusammen, und so ergeben sich unterschiedliche Zeichen. Nun können blinde Menschen mit ihren Fingern die Punkte ertasten und so Buchstaben entziffern. Damit man sich immer an den Erfinder der Schrift für blinde Menschen erinnert, heißt diese Schrift Braille-Schrift.

INFO

ERFINDER:
Louis Braille

BERUF:
Erfinder

GEBOREN:
04.01.1809
Coupvray, Île-de-France, Frankreich

GESTORBEN:
06.01.1852
Paris, Frankreich

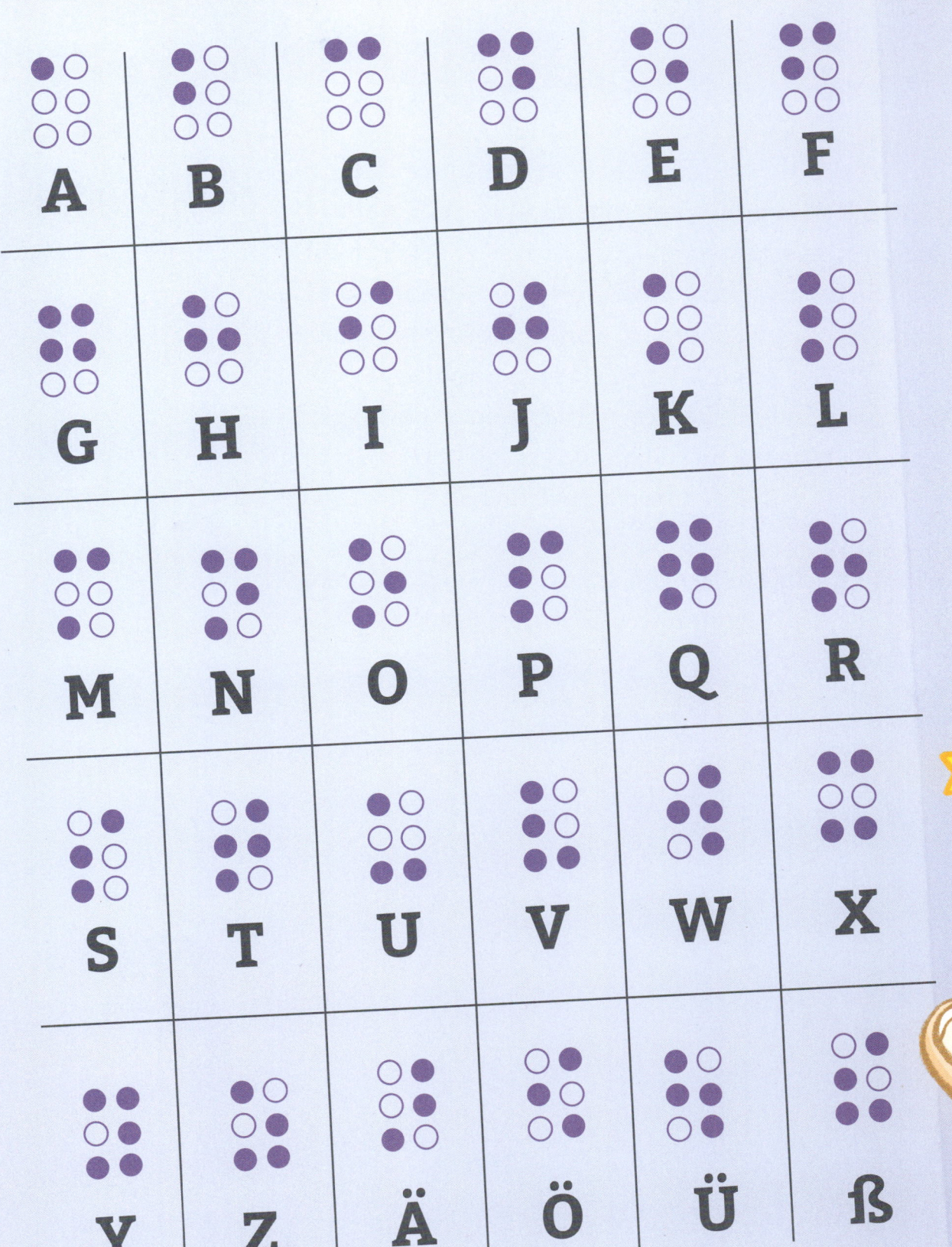

MARA WAR HIER

Weißt du, was ein „toter Briefkasten" ist?
Das ist ein geheimer Ort, an dem du für eine
andere Person Botschaften hinterlassen kannst,
ohne dass Dritte davon wissen. Dort kannst du also
deine Nachricht ablegen, und deine Freundin oder
dein Freund kann sie sich abholen.
Diese Art von Briefkasten verwenden auch Agenten.
Versuche selbst, einen solchen
Briefkasten zu erfinden.

Wenn du Hilfe brauchst, schau auf Seite 252 nach.
Dort zeigen wir dir, wie's geht!

MEIN EIGENES
REICH!

?

Privat

Gibt es einen Platz bei dir zu Hause, der nur dir gehört? Wo du entscheiden darfst, wie alles aussieht? Wo dich niemand stört, wenn du heimlich unter der Bettdecke liest? Einen Ort, den nicht alle betreten dürfen?

Kennst du Pippi Langstrumpfs Limonadenbaum? Ihre Erfinderin, Astrid Lindgren, hatte genau so einen Baum im Garten stehen, als sie noch ein Kind war. Sie liebte es, sich darin zu verstecken wie ihre Kinderbuchheldin Pippi.

Harry Potter hatte nur eine winzige Kammer unter der Treppe, aber er konnte sich dorthin zurückziehen. Und kennst du Peter Pan? Den Jungen, der nie erwachsen werden wollte? Er lebte mit anderen Kindern in Nimmerland, wo Erwachsene keinen Zutritt hatten.

→ Was macht DEIN kleines Reich für dich zu etwas Besonderem?

Es muss nicht immer ein ganzes Zimmer sein. Auch eine selbst gebaute Höhle unter dem Tisch kann dein eigenes Nimmerland werden.

DAS „BITTE NICHT STÖREN"-SCHILD
AN DEINER TÜR ZEIGT KEINE WIRKUNG?

ABER ES MUSS DOCH MITTEL UND WEGE
GEBEN, STÖRENFRIEDE FERNZUHALTEN!

WERDE SELBST ZUM ERFINDER!

WIE HALTE ICH AM BESTEN UNGEBETENE GÄSTE FERN?

HIER IST PLATZ FÜR DEINE IDEEN.

INFO

ERFUNDEN:

vor 3000 Jahren,
Ägypten

Wie wurde eigentlich all das, was es in meinem Zimmer gibt, erfunden?

SCHLOSS & SCHLÜSSEL

Vor 3000 Jahren in Ägypten

Wie kann ich meine Sachen schützen?

Ich baue ein Schloss!

Ein Riegel fällt ins Schloss und blockiert es. Ich nenne dieses Schloss Fallriegelschloss!

Vor ungefähr 200 Jahren in Europa

Mit dem passenden Schlüssel wird ein Riegel aus Metall in einen Schlitz im Türrahmen geschoben, dann kann die Tür, das Kästchen, oder das, was verschlossen werden soll, nicht mehr geöffnet werden.

Bart →
Halm
Reide

Hehe, diese Schlösser sind mit meinem Dietrich leicht zu knacken! Ich probiere einfach so lange, bis ein Dietrich passt.

In Afrika

Wir verzieren die Schlösser mit Figuren, die uns vor Unheil und Unglück schützen sollen.

So funktioniert ein Schnappschloss!

So funktioniert ein französisches Schloss!

Wir brauchen Schlösser, die man schwerer knacken kann! Schlüssel ohne Bart, dafür mit kleinen Vertiefungen sind die Lösung!

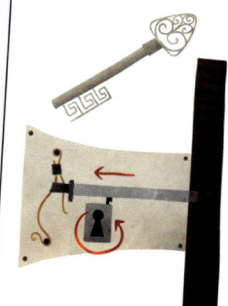

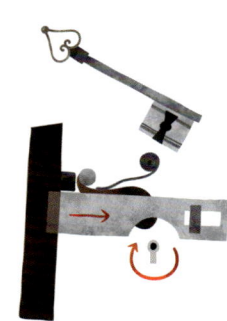

kein Schlüssel

Kleine Metallstäbe passen sich den Zacken des Schlüssels an, das Schloss lässt sich öffnen.

falscher Schlüssel

Wo habe ich denn nur meinen Hotelschlüssel? Ach ja, ich habe eine Chipkarte bekommen, die ich in den Schlitz an der Hoteltür stecke, dann öffnet sich die Tür.

Mein neues Auto hat einen Funkschlüssel, ich brauche ihn zum Öffnen und zum Verschließen der Türen. Ist der Schlüssel in der Nähe des Autos, kann ich es starten – sonst nicht.

Mist! Ich habe schon wieder meinen Schlüssel verloren. Es wäre praktisch, wenn meine Tür einfach wüsste, dass ich es bin, und sich – dann öffnet. Mit meinem Fingerabdruck geht das, denn meinen Fingerabdruck gibt es nur einmal auf der Welt – nur auf meinem Finger.

Wie wird man wohl in Zukunft versperren, was einem wichtig ist?

UHR

Früher zeigte die Sonne den Menschen die ungefähre Tageszeit an. Aber die Sonne zeigte ihnen noch mehr: Schon die alten Ägypter haben herausgefunden, dass die Erde ungefähr 365 Tage benötigt, um einmal um die Sonne zu kreisen. Später erfanden die Menschen Wasser- und Sanduhren.

Vor mehr als 700 Jahren gab es die ersten Uhren mit Zahnrädern. Sie waren sehr groß und wurden vor allem hoch oben an Kirchtürmen angebracht. Diese gewaltigen Uhren konnte man natürlich nicht am Handgelenk tragen oder einstecken. Vor etwas mehr als 500 Jahren erfand daher ein Mann aus Nürnberg die erste Taschenuhr. Sein Name war *Peter Henlein*. Die Taschenuhr funktionierte mit einem Federantrieb. Aber auch seine erste Taschenuhr war noch ziemlich groß und hatte die Form einer Dose. Bald wurden die Taschenuhren kleiner, und es war sehr modern, sie an einer Kette zu tragen, die man an der Hosen- oder Jackentasche befestigte.

An das Handgelenk wanderten die Uhren aber erst über 200 Jahre später, nämlich um 1795. Die ersten Armbanduhren funktionierten zunächst mechanisch, heute laufen sie mit Strom aus Batterien. Die genauesten Uhren sind Atomuhren. Eine Uhr ist dann genau, wenn der Takt ganz besonders regelmäßig und gleichbleibend ist. Bei Atomuhren sorgen die Eigenschaften von Atomen für den gleichbleibenden Takt. Denn auch Atome schwingen, und zwar sehr schnell. Dadurch sind diese Uhren so genau.

Aber wie wussten die Menschen früher, wann sie aufstehen mussten? Auch hier orientierten sie sich an der Sonne: Wenn es dunkel wurde, gingen sie zu Bett, wenn es hell wurde, standen sie wieder auf. Oft half ihnen beim Aufwachen das erste Krähen des Hahnes. Heute haben wir dafür einen Wecker. Auch der Uhrmacher *Levi Hutchins* (sprich: Livai Hatschins) aus Amerika musste immer früh aufstehen. Nämlich schon um vier Uhr morgens. Weil er manchmal verschlief, erfand er 1787 eine Uhr mit einer Glocke. Um vier Uhr morgens löste ein Zahnrad einen Schlag auf die Glocke aus, und der Uhrmacher wurde munter. Aber erst 60 Jahre später erfand der Franzose *Antoine Redier* (sprich: Antoan Rödiee) den ersten Wecker, bei dem man die Weckzeit beliebig einstellen und verändern konnte. Er wurde mit dieser Erfindung sehr berühmt.

INFO

ERFINDER:
Peter Henlein
Levi Hutchins
Antoine Redier

BERUF:
Schlossermeister
Uhrmacher
Uhrmacher

GEBOREN:
1479, Nürnberg, Deutschland
17.08.1761, Concord, New Hampshire, USA
25.12.1817, Perpignan, Frankreich

GESTORBEN:
1542
13.06.1855
30.12.1892

BILLY-REGAL

INGVAR KAMPRAD, DER ERFINDER DES MÖBELHAUSES IKEA, SPRICHT MIT SEINEM MITARBEITER GILLIS LUNDGREN.

INFO

ERFINDER:
Gillis Lundgren

BERUF:
Werbegrafiker, Möbeldesigner

GEBOREN:
26.08.1929
Lund, Schweden

GESTORBEN:
25.02.2016

EIN BÜCHERREGAL, DAS ALLEN GEFÄLLT! PLATZ FÜR VIELE BÜCHER! KÖNNEN SICH ALLE LEISTEN! PASST IN JEDES ZIMMER! IMMER MODERN! PRAKTISCH ZUM ZUSAMMENBAUEN!

ICH BRAUCHE SCHNELL EINE SERVIETTE, DAMIT ICH MEINE IDEE NICHT VERGESSE!

BILLY

MEINE ERFINDUNG BEGANN AUF EINER SERVIETTE, INZWISCHEN IST SIE WELTBEKANNT!

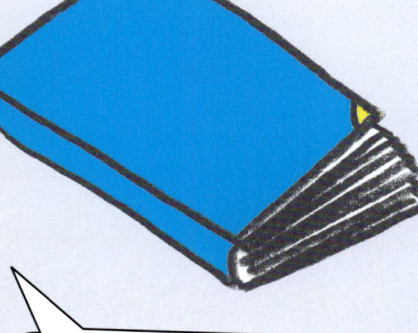

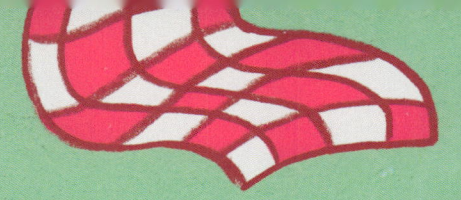

SOFA

Faulenzen, lesen, fernsehen, plaudern – auf einem Sofa macht man es sich oft und gern gemütlich! Doch wer hat das Sofa erfunden? In Ägypten haben die Menschen schon vor über 2200 Jahren Schnüre geflochten und darüber Stoffe gespannt, um sich bequem darauf niederzulassen.

Vor ungefähr 400 Jahren ...

bauten Tischler Gestelle aus Holz, polsterten sie mit Wolle, Pferdehaaren oder Pflanzen und spannten einen Stoff darüber. Das war viel Arbeit, daher konnten sich diese bequemen Möbel auch nur reiche Menschen leisten. Selten setzten sie sich darauf, sie nutzten Sofas eher zum Liegen. Daher hatten die ersten Sofas auch keine Rückenlehne, wie du sie heute kennst, sondern breite Seitenlehnen, damit man sich bequem ausstrecken konnte, um einen Mittagsschlaf zu machen.

Erst später wurde das Sofa genutzt, um sich darauf zu setzen und gepflegt mit seinen Gästen einen Plausch zu halten.

TISCH

Vier Beine und eine Platte, fertig ist der Tisch! Ein Tisch zum Essen, zum Arbeiten – oder um darauf Tischtennis zu spielen? Wer den ersten Tisch erfunden hat, weiß man heute nicht mehr. Wahrscheinlich ist jedoch, dass jemand einfach ein Holzbrett waagrecht auf den Boden legte. Später wurde die Platte dann auf Beine montiert. Sicher ist, dass Tische für das Zusammenleben von Menschen immer schon eine wichtige Rolle spielten. Wer darf am Kopf des Tisches sitzen? Wer sitzt mit wem an einem Tisch? Vielleicht gibt es deshalb auch viele Redewendungen, die mit Tischen zu tun haben. Weißt du, was es bedeutet, wenn man jemanden „über den Tisch zieht"? Oder wenn man etwas „unter den Tisch fallen lässt"?

Welchen Tisch könntest du erfinden?

Vielleicht ein „Tischlein deck dich", das nicht nur im Märchen funktioniert?

BUCHDRUCK

Vor fast 1000 Jahren!

INFO

ERFINDER:
Bi Sheng

ERFUNDEN:
vor 1000 Jahren
in China

Ich heiße Bi Sheng. Hier in China schnitzt man Bilder und Schriftzeichen in eine Holztafel, färbt sie ein, legt Papier darüber und reibt es ab. So oft man will. Aber wenn man etwas ändern möchte, muss man die ganze Holztafel neu schnitzen. Gibt es keine bessere Lösung?

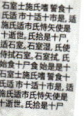

Aus Ton stelle ich einzelne Schriftzeichen her, setze sie aneinander und kann drucken, was ich will. Immer und immer wieder. Und wenn ich etwas ändern will, tausche ich das Schriftzeichen einfach aus.

Aber mit der chinesischen Schrift ist das schwierig. Jedes Wort ist ein Symbol. Wir haben tausende Schriftzeichen, daher wollen die Leute lieber in Holz schnitzen und so drucken.

Vor über 550 Jahren in Deutschland!

Jeden Tag sitzen wir hier und schreiben Bücher ab. Für ein dickes Buch brauche ich mehrere Jahre!

Wir dürfen keine Fehler machen. Radieren ist unmöglich. Ich mag nicht mehr!

Lesen können unsere Bücher nur reiche Menschen. Nur sie können sich Bücher leisten.

Ja, Bücher sind teuer, denn jedes Buch wird mit der Hand abgeschrieben.

Und die Leute wollen immer mehr Bücher ...

INFO

ERFINDER:
Johannes Gensfleisch
zu Gutenberg

BERUF:
Buchdrucker

ERFUNDEN:
vor 500 Jahren,
Mainz, Deutschland

Mein Name ist Johannes Gensfleisch zu Gutenberg! Wir brauchen eine Maschine, die Bücher schreiben kann! Ein Maschine, die hundert Mal dasselbe Buch herstellt.

Aus einem harten Metall feile ich spiegelverkehrt jeden Buchstaben erhaben heraus.

Dann schlage ich diese Patrize in weicheres Metall. Der Buchstabe ist nicht gespiegelt.

lateinisches Wort für Vater

lateinisches Wort für Mutter

Nun baue ich um die Matrize eine Gießform, hinein kommt eine Legierung, also eine von mir erfundene Mischung verschiedener Metalle.

Nun sind die Buchstaben fertig, ich nenne sie Lettern. Sie sind gespiegelt. Die Lettern füge ich in einen Rahmen.

Ich muss eine Farbe erfinden, die
• an den Buchstaben haftet
• schnell trocknet
• nicht schmiert
• auf der Rückseite des Blattes nicht sichtbar ist.

Ich brauche eine Druckerpresse! Warum baue ich nicht eine Weinpresse um?

Das Papier muss besser werden!
• Es darf nicht reißen
• Es muss gleichmäßig bedruckt werden können!

Ich reibe sie mit Farbe ein und lege feuchtes Papier darauf.

Ich drücke mit der Presse darauf und schon ist die Seite fertig.

Werden die Lettern kaputt, stelle ich neue her. Ich nehme einfach die Matrize ...

Wir drucken die Bibel, sie hat 1300 Seiten! Von mir ist nur der schwarze Text. Die Malereien wurden erst später hinzugefügt, daher sieht jedes Buch ein wenig anders aus.

550 Jahre später sind noch 49 Stück erhalten. Die Gutenberg-Bibel ist das wertvollste Buch der Welt. Eigentlich muss sie Gutenberg-Fust-Schöffer-Bibel heißen! Zur Erinnerung an die Männer, die mir geholfen haben, Papier herzustellen, Tinte anzurühren, Holz zu bearbeiten, Metall zu gießen, Leder zu schneiden. Und die mir Geld geliehen haben.

INFO

ERFINDER:
Johannes Fust
Peter Schöffer

BERUF:
Anwalt, Buchdrucker, Verleger
Buchhändler, Verleger

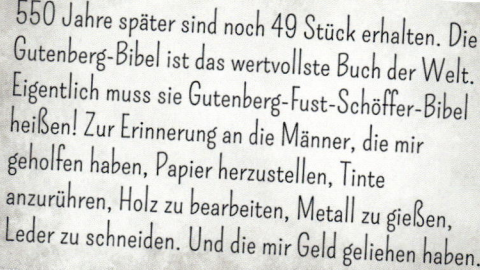

Peter Schöffer

Gutenberg

Johannes Fust

Meine Erfindung hat die Welt verändert: Buchdruck mit beweglichen Lettern aus Metall und mit Druckpresse! Wir können alles so oft drucken, wie wir wollen! Nicht nur die reichen Menschen können Bücher lesen, sondern alle Menschen können sich nun informieren und ihre eigene Meinung bilden. Man sagt, wegen meiner Erfindung wäre ich der wichtigste Mann des letzten Jahrtausends. Denkst du das auch?

Vielleicht werden in vielen, vielen Jahr Computer und Drucker erfunden. Dann kann jeder selbst Texte setzen und drucken

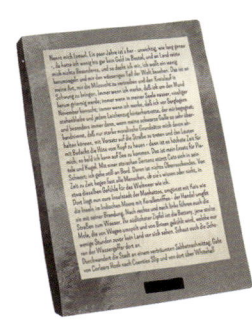

Vielleicht kann man Bücher bald lesen, ohne dass sie gedruckt werden müssen ...

Wer weiß?

HOME SWEET HOME

Deine Schwester oder dein Bruder kommt
immer ungefragt in dein Zimmer
und das ärgert dich?
Das muss nicht sein!
Baue einen „Geschwister-Schreck"!
Vielleicht klopfen sie dann das
nächste Mal an.

Wenn du Hilfe beim Konstruieren brauchst, schau
auf Seite 254 nach. Dort zeigen wir dir, wie's geht!

HA HA HA HA HA HA HA

IGITT

BÄH

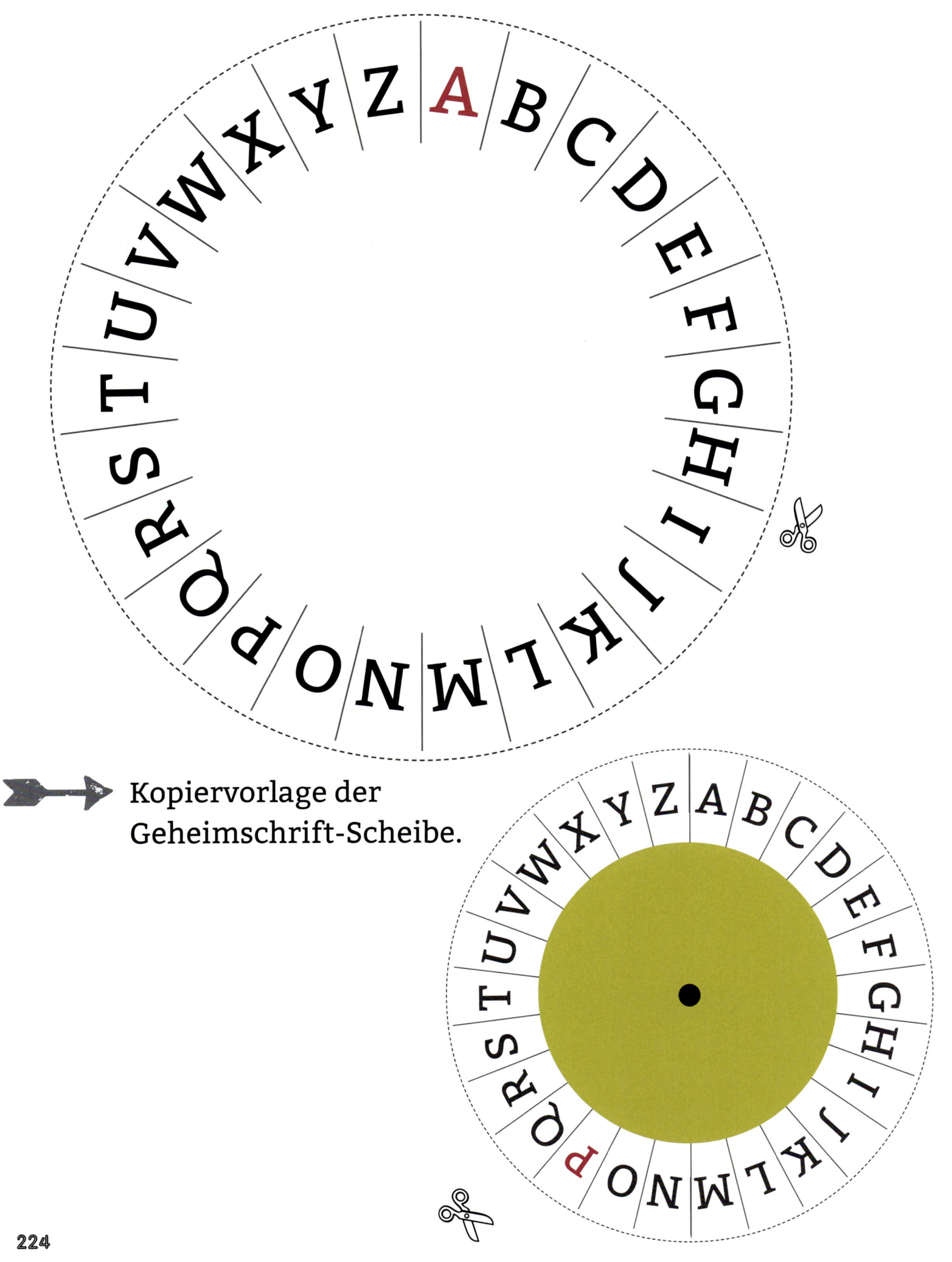

Kopiervorlage der
Geheimschrift-Scheibe.

An. lei tun Gen

- Luftballon
- Schere
- Klebeband
- Papierbecher
- Seidenpapier
- Konfetti

KONFETTIKANONE

1. Verschließe den nicht aufgeblasenen Luftballon mit einem Knoten. Schneide den Luftballon in der Mitte durch. Befestige den Luftballon mit Klebeband an dem Papierbecher. Der Luftballon muss straff über die Öffnung gezogen und gut festgeklebt werden.

2. Fülle Seidenpapierschnipsel und Konfetti in den Papierbecher.

3. Decke die offene Seite mit einem Stück Seidenpapier ab und befestige dieses mit Klebeband. (Du kannst auch eine Serviette vorsichtig zerteilen und eine der dünnen Schichten über die Öffnung kleben.)

Ziehe kräftig am Knoten des Luftballons und lasse ihn rasch wieder los. Dein Konfetti wird hinausgeschleudert!

ABWASCHHILFE

- Schere

- Schwämmchen

- Kabelbinder

- Handmixer
  (ein Modell,
  bei dem
  du selbst
  kurbeln musst)

oder

- Schere

- Kochlöffel
  mit Loch

- Schwammtuch

1. Schneide mit der Schere ein Putzschwämmchen in zwei Teile.

2. Befestige die beiden Schwammteile mit den Kabelbindern an den Rührhaken des Handmixers. Je nachdem wie weit die Rührhaken auseinanderstehen, kannst du auch mehrere Schwämmchen daran befestigen. Schon ist dein handbetriebener Geschirrspüler einsatzbereit. (Sehr empfindliches Porzellan solltest du weiterhin von Hand abspülen, sonst zerkratzt du es vielleicht.)

Kein Handmixer im Haus? Dann nimm einen Quirl oder einen Kochlöffel mit Loch in der Mitte. Schneide dir aus einem Schwammtuch Streifen aus und befestige sie vorne am Quirl oder am Kochlöffel.

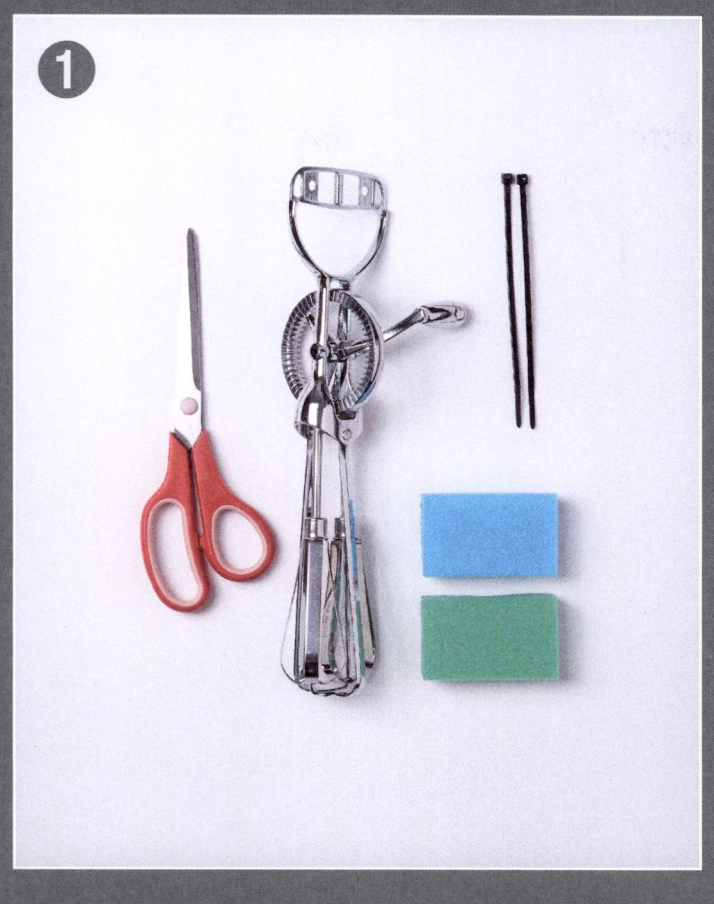

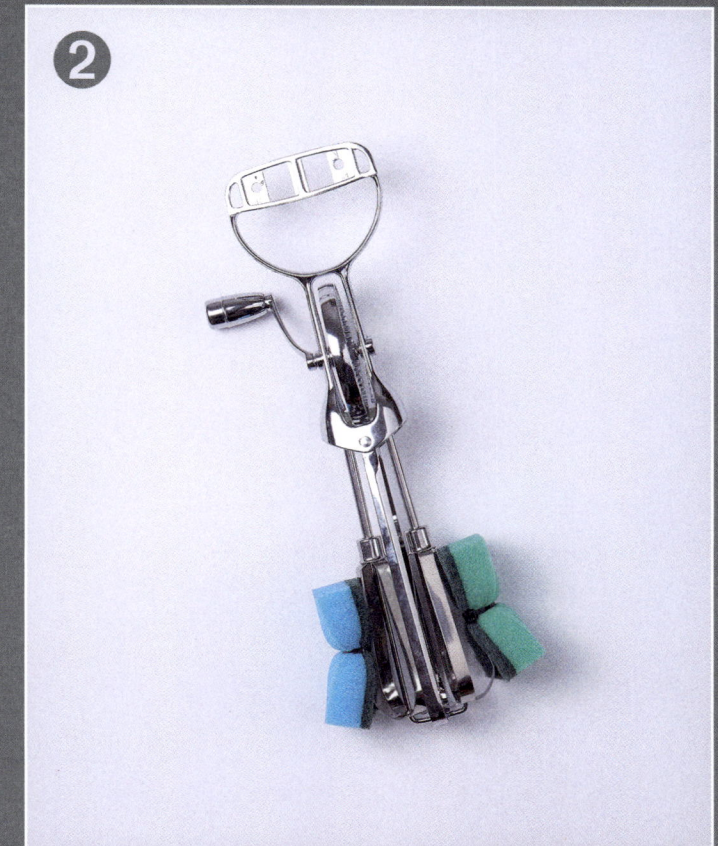

MATERIAL

- Turnbeutel
  oder Kissenhülle

- Dinge,
  die ihr dabei habt

- Papier

- Stift

HERR DER DINGE

1. Sammelt einige Gegenstände ein, die ihr dabei habt.

2. Überlegt euch, welche Aufgabe mit dem jeweiligen Gegenstand verbunden ist. Für jede erfüllte Aufgabe gibt es einen oder mehrere Punkte.

3. Füllt die Gegenstände in einen Kissenbezug oder in einen Sack.

4. Nun zieht der erste Spieler einen Gegenstand aus dem Sack und führt die dazu ausgedachte Handlung aus. Manchmal müssen auch alle gemeinsam eine Aufgabe erfüllen. (Einer von euch schreibt die gewonnenen Punkte auf ein Blatt Papier.)

5. Anschließend ist der Nächste an der Reihe.

BEISPIELE:

SOCKE: Einmal schnell um den Tisch laufen. Wer zuerst wieder auf seinem Platz ist, erhält einen Punkt.

SOCKE VERKEHRT HERUM: Einmal rückwärts um den Tisch laufen. Wer zuerst wieder auf seinem Platz ist, erhält einen Punkt.

LÖFFEL: Einen Schluck Wasser nehmen und ein Lied gurgeln. Wer das Lied erkennt, erhält einen Punkt.

NAGELLACK: Jemanden aus der Runde zum Lachen bringen. Gelingt es, erhält der Faxenmacher einen Punkt.

MÜNZE: Eine Münze werfen. Wer bei Kopf zuerst auf dem Boden sitzt, erhält einen Punkt.

SCHLÜSSEL: Einen Schlüssel zwischen Mittel-und Ringfinger klemmen und damit fünf Hampelmänner machen. Fällt der Schlüssel nicht zu Boden, erhält die Person einen Punkt.

- eine etwas größere
und weitere Jacke

- Schere

- einige alte Hosen
und Sakkos

- Nähnadel

- Garn

- Bügelvlies

- Geldbörse aus Stoff

- kleine Stofftäschchen
(mit Reißverschluss)

- verschließbarer
Plastikbeutel
(mit Zippverschluss)

- doppelseitiges
Klebeband

- einige Klettverschlüsse,
auch selbstklebende

- Bauchtasche

- Streifen aus Stoff

- Regenponcho

- Reflektoren

- Trinkbeutel
(mit Trinkschlauch)

MULTI-JACKE

1. Schneide mit einer Schere die Taschen aus den alten Kleidungsstücken heraus, sodass sowohl die Vorder- als auch die Rückseite erhalten bleibt. Dann kannst du die Taschen entweder in das Futter deiner Jacke einnähen oder (mithilfe eines Erwachsenen) mit Bügelvlies auf deine Jacke bügeln.

2. Nähe nun eine Geldbörse und/oder kleine Stofftäschchen mit Reißverschluss an deiner Jacke an. So hast du sogar verschließbare Fächer für dein Geld, dein Handy oder deinen Fahrausweis.

3. Auch ein verschließbarer Plastikbeutel lässt sich an deiner Jacke anbringen, und zwar mit doppelseitigem Klebeband oder mit selbstklebenden Klettverschlüssen. Dort kannst du deinen Snack hineintun.

4. Außerdem kannst du dir eine Bauchtasche am inneren Rückenteil deiner Jacke annähen. Dort kannst du Taschentücher hineinstecken. Oder du nähst dir an deinem Ärmel einen Streifen Stoff auf und lässt seitlich eine Öffnung.

5. Du möchtest mit deinen Eltern telefonieren, aber das Konzert ist sehr laut? Wenn du das Kabel deines Kopfhörers durch das obere Knopfloch ins Innere der Jacke führst, kannst du es direkt in dein Handy in der Innentasche stecken. Telefonieren mit Kopfhörern geht auch bei Lärm.

6. Im Kragen deiner Jacke lässt sich ein Regenponcho verstecken. Schnell nach hinten an den Hals gefasst, die Knöpfe geöffnet, und schon kannst du deinen Regenponcho herausnehmen und ihn als Sitzunterlage verwenden.

7. Bringe noch Reflektoren an den Ärmeln der Jacke an, und du bist auch bei Nacht gut sichtbar.

8. Wie wäre es, wenn du einen Trinkbeutel (ähnlich wie eine Trinkflasche, nur aus weichem Material) mit einem Klettverschluss in einem deiner Ärmel befestigst? Es gibt Trinkbeutel mit einem langen Trinkschlauch. So kannst du während des Konzertes problemlos trinken.

Und hier noch ein Tipp für Durstige!

REFLEKTOREN

GELD-BEUTEL

BAUCH-TASCHE

TASCHE EINER ALTEN JEANS

MateriAL

- Schwimmnudel
- Schwimmnudel-Verbindungsteil
- T-Shirt
- ggf. ein Stück Schnur (oder ein Schnürsenkel)

SCHWIMM-SPORT-SPASS-GERÄT

1. Stecke die Schwimmnudel mit dem dazu gehörenden Verbindungsteil zu einem Ring zusammen.

2. Streife nun ein T-Shirt darüber.

3. Binde das T-Shirt unten mit einem Knoten oder einem Stück Schnur zusammen.

4. Fertig ist dein Schwimm-Sport-Spaß-Gerät.

MATERiAL

- 400 g Beeren
- 120 ml Fruchtsaft
- Traubenzucker
  oder Honig
- Agar Agar
  (für 0,5 l Flüssigkeit
   brauchst du 2 TL)
- zusätzlich
  2 TL Fruchtsaft
- Eiswürfelbehälter
  oder
  Silikonförmchen

nach Belieben
kleine Pralinen-
förmchen aus
Papier

FRUCHTGUMMIS

1. Wasche die Beeren gründlich und püriere sie mit einem Mixer oder zerdrücke sie mit einer Gabel. Wenn du in deinen Fruchtwürfeln keine Obststückchen haben möchtest, streiche das Beerenmus durch ein Sieb.

Fülle das Beerenmus und den Fruchtsaft in einen Topf und koche die Mischung auf. Lass sie etwas köcheln, bis die Flüssigkeit ein bisschen weniger wird. Du kannst nun alles mit Traubenzucker oder Honig süßen.

Nun kommt eine Zutat ins Spiel, die Agar Agar heißt und aus Algen gewonnen wird. Es macht aus deinem Fruchtsaft Gelee. (Für einen halben Liter Flüssigkeit benötigst du nur zwei Teelöffel Agar Agar.) Verrühre es vorher mit ein paar Löffeln Fruchtsaft und gib es dann zu der Fruchtmischung. Koche deine Fruchtmischung anschließend 5 Minuten lang auf.

2. Lass dir nun von einem Erwachsenen helfen und verwende unbedingt Topfhandschuhe! Denn dein gelierter Fruchtsaft ist sehr heiß! Fülle dein Fruchtmus in Eiswürfelbehälter. Lass das Mus abkühlen und stelle die Eiswürfelbehälter dann in den Kühlschrank – erst dort wird die Flüssigkeit fest und wabbelig.

3. Wenn deine Fruchtgummis fest sind, kannst du sie in kleine Pralinenförmchen legen oder einfach so servieren. Guten Appetit!

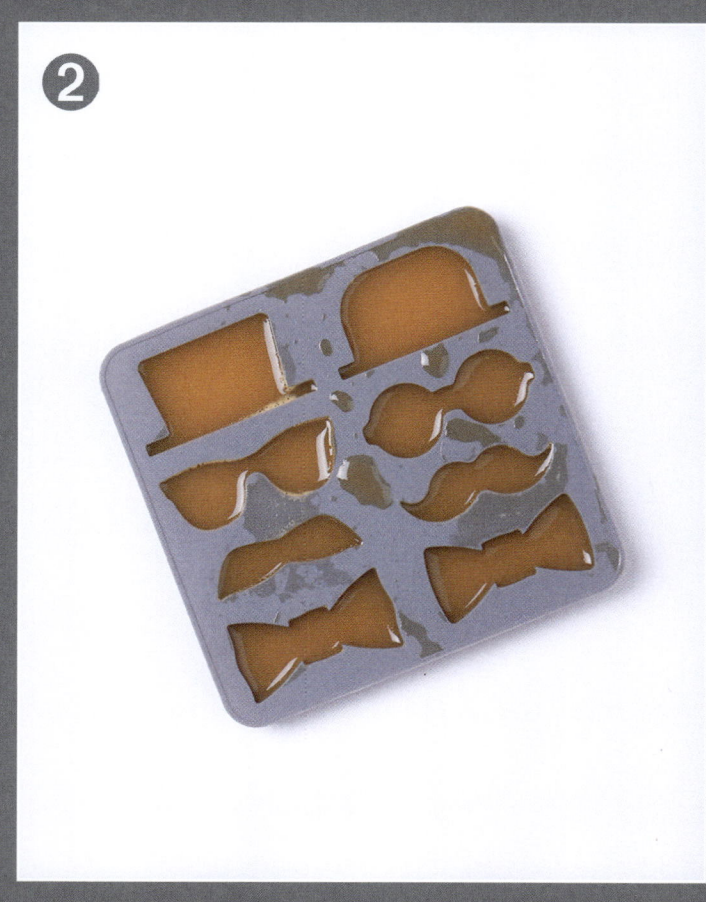

Material

- vier Scheiben Toastbrot
- etwas Butter
- etwas Marmelade
- ein Blatt Salat
- eine Scheibe Käse
- Pfeffer
- etwas Frischkäse
- ein paar Erdbeeren

3-GÄNGE-MENÜ-SANDWICH

1. Nimm vier Scheiben Toastbrot und lege sie nebeneinander.

2. Bestreiche die erste Toastscheibe mit Butter und Marmelade.

3. Lege die zweite Toastscheibe darauf und belege diese mit Salat und einer Scheibe Käse. Streue etwas Pfeffer darüber.

4. Bestreiche die dritte Toastscheibe mit Frischkäse und lege sie ebenfalls darauf. Auf den Frischkäse kannst du noch ein paar Erdbeerscheiben legen.

5. Verwende die letzte Toastscheibe als Deckel.

Deiner Fantasie sind übrigens keine Grenzen gesetzt. Welches Sandwich-Menü würde dir schmecken?

Sperre den Mund weit auf und – **MAHLZEIT**!

DESSERT

DINNER

BREAKFAST

- ein Rollsessel
- eine Schachtel oder ein Tablett mit Griffen
- zwei Tücher oder Schals
- Geschirr
- Knetmasse
- Schnur
- eine Klopapierrolle
- außerdem Schere und Klebeband

ROLLSESSELBAHN

1. Schneide auf beiden Seiten Löcher in die Schachtel. Du kannst auch ein Tablett mit Haltegriffen verwenden. (In die Schachtel oder auf das Tablett kannst du später deinen Teller, deine Schüssel und deinen Becher stellen.)

2. Damit beim Transport nichts zu Boden fällt, binde die Schachtel oder das Tablett mit Tüchern oder Schals an den Lehnen des Sessels (Seitenlehne und Rückenlehne) fest. Bitte verwende alte Tücher – falls doch einmal etwas überschwappt. Damit dein Geschirr möglichst stabil steht, forme aus Knetmasse Ringe. Drücke sie fest auf den Boden der Schachtel oder des Tabletts. Stelle anschließend den Becher und die Schüssel auf die Knetringe. So kann nichts wackeln oder verrutschen.

Binde nun eine lange Schnur am Rollsessel fest. (In der Küche können deine Eltern oder Freunde dir das Essen in die Schachtel oder auf das Tablett stellen.) Nimm nun das Ende der Schnur in die Hand und zieh den Sessel vorsichtig von der Küche in das Zimmer, in dem du sitzt (siehe Seite 142). Durch die Rollen kann der Sessel auch kleine Hindernisse und Kurven meistern.

3. Damit dein Speisewagen auch wieder in die Küche zurückfährt, brauchst du eine zweite Schnur, eine Klopapierrolle und Klebeband. Schneide die Klopapierrolle auf und stülpe sie über den Fuß eines Küchenschranks. Mache mit der Schere auf der unteren Seite der Rolle zwei Einschnitte. Klappe die Lasche nach oben, ziehe die Schnur durch und klebe die Lasche oben fest. So entsteht ein kleiner Tunnel, in dem die Schnur ohne Reibung laufen kann. Binde das eine Ende der Schnur nun ebenfalls am Sessel fest, das andere nimm in die Hand.

Nun kannst du mit der zweiten Schnur den Rollsessel wieder in die Küche zurückziehen. (Wichtig ist, dass die Schnur um etwas herum läuft, das es dir ermöglicht, den Sessel gut zu ziehen. Am besten eigenen sich dafür runde Griffe, Knäufe oder Füße von Schränken.)

4. Fertig ist deine Rollsesselbahn!

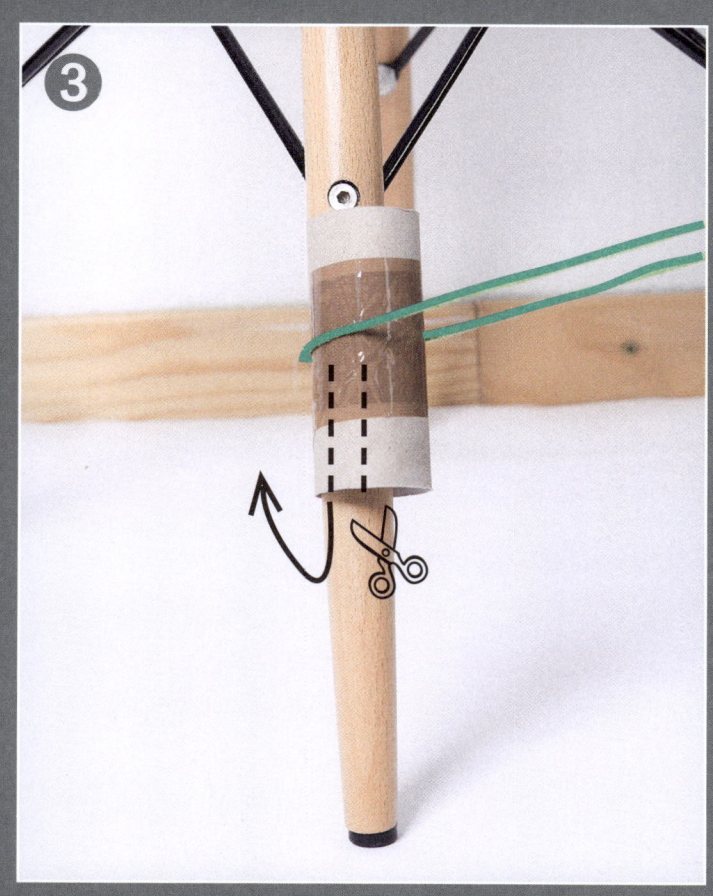

MaterIAL

- eine Picknickdecke
  mit wasserabweisender Folie
  auf der Rückseite

- viele Klettverschlüsse,
  selbstklebend und
  nicht selbstklebend

- einen Kissenbezug

- ein aufblasbares Kissen

- Erste-Hilfe-Zubehör
  (Taschentücher, Pflaster,
  Dreieckstuch, Wundkompressen,
  Desinfektionsspray,
  Gel gegen Insektenstiche)

- ein wasserdichtes Täschchen
  mit Reißverschluss

- Insektenspray

- Sonnencreme

- ein leichtes Tuch
  (etwa in der Größe der
  Picknick-Decke)

- vier Holzstangen

- 8 Ösen
  (der Durchmesser
  sollte etwas größer
  als der der Holzstangen sein)

- 4 Gummiringe

- zwei Koffergurte oder Gürtel

- einen Hammer

- eine Schere

- eine Nadel und
  einen starken Faden

PICKNICK-APOTHEKE

1. Nähe 4 Klettverschlüsse in einem Viereck (in der Größe des Kissenbezugs) an deiner Decke fest (immer den rauen Teil an der Decke anbringen) und jeweils die Gegenseite an den äußeren Ecken des Kissenbezugs. (Es gibt auch selbstklebende Klettverschlüsse – leider haften diese auf Stoff nicht gut.) Stecke das aufblasbare Kissen in den Kissenbezug und hefte diesen mit den Klettverschlüssen an die Decke. Du kannst das Kissen bei Bedarf aufblasen.

2. Nun kommen deine Erste-Hilfe-Utensilien ins Spiel. Auch hierfür benötigst du Klettverschlüsse, die du auf deiner Decke anbringst. Nimm das wasserfeste Täschchen, befülle es und klebe zwei Streifen des selbstklebenden Klettverschlusses darüber. Nun kannst du es an der Decke festkleben. Mit dem Insektenspray und der Sonnencreme machst du es genauso. Nähe wieder den rauen Teil des Klettverschlusses an der Decke fest. Den weichen Teil brauchst du nur über die Flaschen zu legen und an der Decke festzukletten.

3. Nun bauen wir das Sonnendach. Verwende einen möglichst leichten Stoff dafür, damit deine Holzstäbe auch das Gewicht tragen können. Schlage mit dem Hammer Ösen in die Decke und in den Stoff. Lege dafür den Stoff exakt auf die Decke. Achte darauf, dass sich die Ösen in der Decke an der gleichen Stelle befinden wie die Ösen im Stoff. Stecke nun die Stangen durch die Ösen, die sich in der Decke befinden, hindurch in die Erde. Befestige am oberen Ende der Stangen jeweils einen Gummiring. (Damit der Stoff, also das Sonnensegel, später nicht nach unten rutscht.) Nun kannst du das Sonnensegel oben an den Stangen befestigen – und schon hast du ein schattiges Plätzchen! (Sollte es einmal windig sein, kannst du dich mit dem Stoff auch zudecken.)

AB IN DEN WALD, AUF DIE WIESE ODER AN DEN SEE ...

HIER NOCH EIN TIPP FÜR DEN TRANSPORT:

Damit du deine ultimative Picknickdecke auch transportieren kannst, brauchst du zwei Koffergurte oder Gürtel. Ziehe die Stangen aus der Erde und lege sie neben die Decke. Lasse die Luft aus deinem Kissen. Lege das Sonnensegel in die Mitte der Decke und schlage sie einmal links und einmal rechts ein. Rolle alles zusammen und lege die Holzstäbe darüber. Mit den Gurten kannst du alles befestigen.

Und schon kann's losgehen!

MateriAL

- zwei lange stabile
Schnüre (zum Beispiel
zwei Stücke von
einer Wäscheleine)

- eine Gießkanne

- eine schwere Kugel

- eine bequeme Liege

- außerdem
eine Schere und
einen Baum

BEWÄSSERUNGS-ANLAGE FÜR BEQUEME

1. Binde die Schnur an den Griff der Gießkanne. Lege die Kugel in die Gießkanne.

2. Wirf die Schnur hoch in den Baum, über einen dicken Ast, und fange sie wieder auf. Binde jetzt ein zweite Schnur vorne am Ausguss der Gießkanne fest. Auch diese wirfst du über den Ast.

3. Fülle die Gießkanne mit Wasser und ziehe sie mit der ersten Schnur nach oben. Verknote sie fest am Griff und schneide sie ab. Die zweite Schnur behältst du in der Hand.

Lege dich gemütlich auf die Liege und teste deine Bewässerungsanlage.

Ma ter iAL

-eine Schirmkappe

- ein Blatt Papier

- Schere

- Stifte

- einen Bleistift

- eine Sicherheitsnadel

VOKABEL-KAPPE

1. Schneide einen Streifen Papier aus, der etwas schmaler als die Sicherheitsnadel ist. Schreibe deine Vokabeln auf das Papier.

2. Rolle den Papierstreifen auf den Bleistift auf. (Pass auf, dass die Wörter innen stehen und gut zu lesen sind, wenn du ihn wieder abrollst. Der Streifen muss ganz fest aufgerollt werden, damit er sich später immer wieder von selbst einrollt, wenn du ihn nicht brauchst.)

3. Nun befestige den Streifen Papier mit der Sicherheitsnadel an der Kappe unterhalb des Schirms. Wenn du den Streifen abrollst, muss die Schrift in deine Richtung weisen.

4. Fertig ist dein Vokabel-Abroller. Du kannst den Papierstreifen vor deinem Gesicht nach unten ziehen und so die Wörter lesen. (Sollte dich jemand dabei überraschen, lass einfach rasch den Streifen los, und er rollt sich wieder ein.) MIT DIESER VOKABEL-KAPPE WIRD DAS VOKABELLERNEN ZUM KINDERSPIEL.

LERNTIPPS:

→ Wer sich beim Lernen bewegt, kann sich die Dinge besser merken.

→ Je öfter du dir Dinge durchliest, desto besser kann dein Gehirn sie abspeichern.

→ Wenn du deine Lernmethoden immer wieder variierst, kannst du die Dinge besser behalten. Zum Beispiel kannst du Vokabeln zuerst aufschreiben, dann laut aufsagen, du kannst sie lesen oder dir vorlesen lassen.

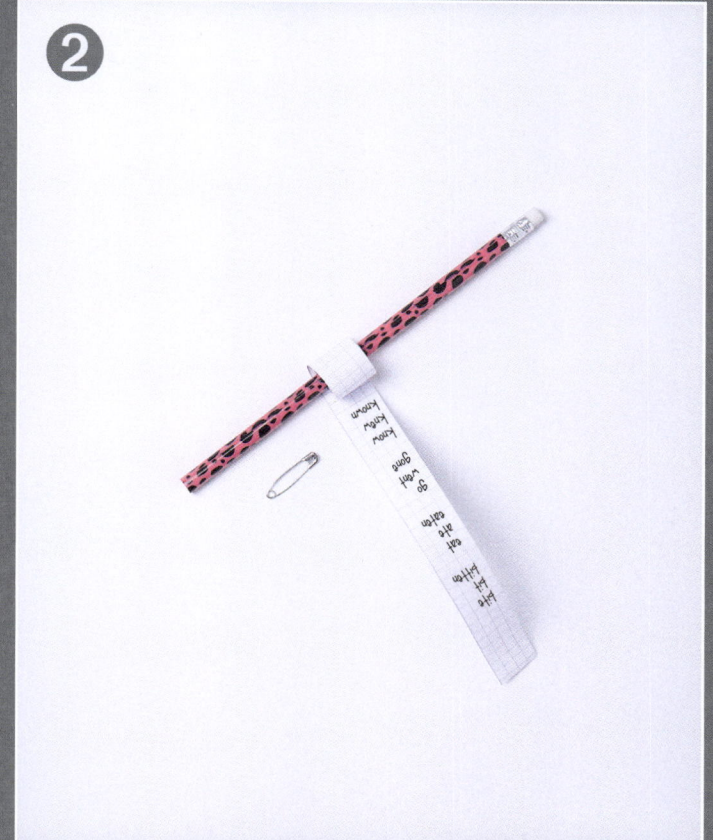

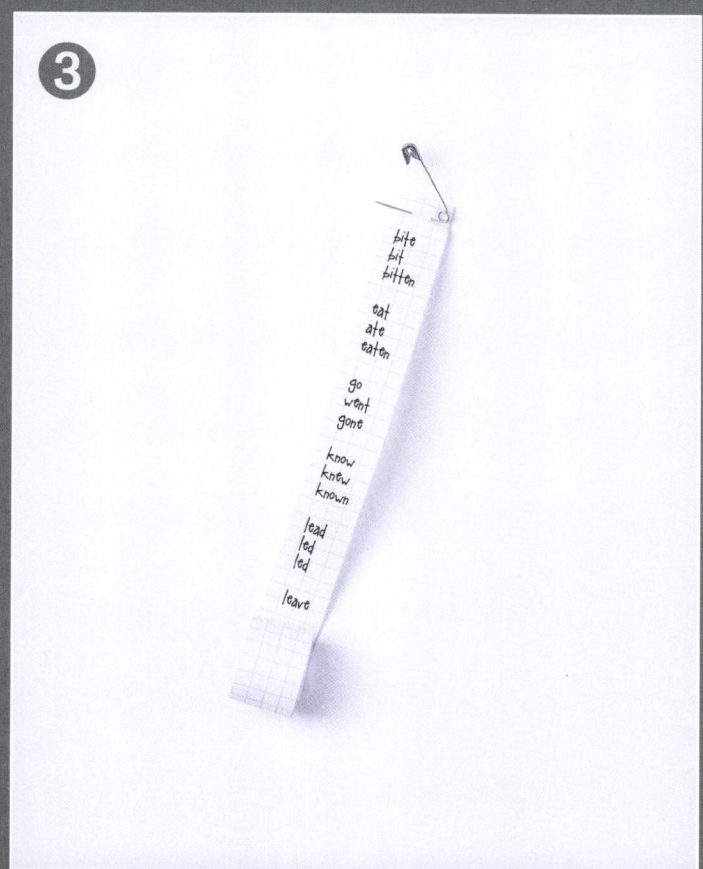

bite
bit
bitten

eat
ate
eaten

go
went
gone

know
knew
known

lead
led
led

leave

MATERIAL

- 1 Stück Papier und einen Stift
- 1 leere Flasche (Shampoo oder Duschgel)
- 1 Faden oder etwas, womit sich die Botschaft aus der Shampooflasche ziehen lässt

GEHEIMER BRIEFKASTEN

1. Schreibe eine geheime Botschaft auf einen Zettel.

2. Befestige einen Faden an dem Zettel.

3. Nimm eine leere Shampoo-Flasche und stecke die Nachricht hinein.

4. Achte darauf, dass die Schnur oben aus der Flasche herausguckt, sodass deine Freundin die Nachricht aus der Flasche ziehen kann. Stelle die Shampoo-Flasche in den Waschraum. Deine Freundin kann sich die Botschaft dort abholen. (Um ganz sicherzugehen, dass niemand die Nachricht liest, kann sich deine Freundin das „Haarshampoo" natürlich auch direkt von dir „ausleihen" und es dir dann (mit der neuen Nachricht versehen) wieder zurückgeben.)

- kleiner Fußabstreifer
- Furzkissen oder Hupe, getragene Socken, Shorts, T-Shirts
- Plastiktüte
- Gummiring
- Schnur
- Malerkrepp, Klebeband oder Reißnägel

GESCHWISTER-ABSCHRECKANLAGE

Lege vor deine Zimmertür einen Fußabstreifer oder einen kleinen Teppich. Verstecke darunter ein Furzkissen oder eine Hupe. (Sobald deine Geschwister vor der Tür stehen, ertönt ein Geräusch, und du weißt, dass sie herein möchten.)

1. Sammle deine Schmutzwäsche und stecke sie in eine Plastiktüte. (Dein Zimmer sieht so auch gleich viel aufgeräumter aus.)

2. Stecke die Wäsche in die Plastiktüte.

3. Verschließe die Tüte mit einem Gummiring. Aber nur locker, damit sich die Tüte später leicht öffnen kann. Binde eine lange Schnur am Gummiring fest.

4. Befestige die Tüte so oberhalb des Türrahmens, dass die Öffnung nach unten zeigt. Verwende dafür Malerkrepp, Klebeband oder Reißnägel. (Bei Reißnägeln bleiben später kleine Löcher in der Wand zurück.) Binde nun das Ende der Schnur straff an der Türklinke fest (siehe Seite 222). Achtung! Die Schnur muss zwar gespannt sein, darf aber nicht schon vorher die Plastiktüte aufreißen.

Wenn nun jemand die Türklinke herunterdrückt und die Tür öffnet, wird die Schnur noch weiter gespannt, sodass sich der Gummiring von der Tüte löst. Die schmutzige Wäsche fällt deinen Geschwistern auf den Kopf! (Du kannst natürlich auch Bälle aus Altpapier, Slimy-Schleim oder Gummibälle in die Tüte füllen.)

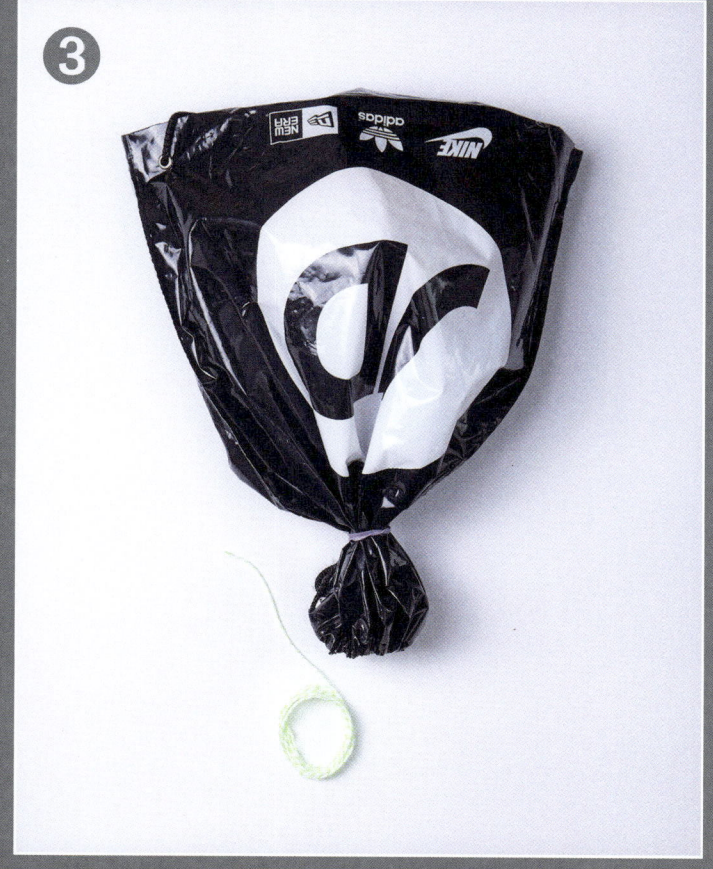

IMPRESSUM

2016  Neuer Umschau Buchverlag. Neustadt an der Weinstraße

Herausgeber: Klaus Tschira Stiftung gGmbH, Heidelberg

**Klaus Tschira Stiftung
gemeinnützige GmbH**

KTS

 Dieses Buch basiert auf der Idee der Ausstellung
„Die Tüftel-Genies" des Grazer Kindermuseums FRida & freD.

Alle Rechte an der Verbreitung, auch durch Film, Funk, Fernsehen, fotomechanische Wiedergabe, Tonträger aller Art, auszugsweiser Nachdruck oder Einspeicherung und Rückgewinnung in Datenverarbeitungsanlagen aller Art, sind vorbehalten. Die Inhalte dieses Buches sind von Autorinnen und Verlag sorgfältig erwogen und geprüft, dennoch kann eine Garantie nicht übernommen werden. Eine Haftung von Autorinnen und Verlag für Personen-, Sach- und Vermögensschäden ist ausgeschlossen.

KONZEPTION: Bettina Deutsch-Dabernig, Nikola Köhler-Kroath, Tina Defaux, Angela Thomaschik

TEXT UND REDAKTION: Bettina Deutsch-Dabernig, Nikola Köhler-Kroath (Redaktion Kindermuseum Graz)

Mara Knapp, Renate Ries, Beate Spiegel (Redaktion Klaus Tschira Stiftung)

Angela Thomaschik (Redaktion Umschau Verlag)

FOTOGRAFIE: Maria Brinkop, mit Ausnahme von: Polaroids Seite 24 (fotolia.de)

ILLUSTRATION: Matthias Veitleder

GESTALTUNG DER COMICS: Unter freiem Himmel

GESTALTUNG UND SATZ: Tina Defaux

LEKTORAT UND PROJEKTKOORDINATION: Nele Sell

UNSERE MODELS: Lisa, Niklas, Jona, Elia, Jule und Malena

UNTERSTÜTZUNG: Herzlichen Dank an das Team des FRida & freD und an Noorullah Husseini

REPRODUKTION: Umschlag Markus von Lücken

DRUCK UND VERARBEITUNG: NINO Druck, Neustadt an der Weinstraße

PRINTED IN GERMANY/ISBN: 978-3-86528-826-4

BESUCHEN SIE UNS IM INTERNET: www.klaus-tschira-stiftung.de/edition

www.umschau-buchverlag.de